三分管人，七分做人

崔雪梅 编著

吉林文史出版社
JILINWENSHICHUBANSHE

前言

作为一个组织的领导者，拥有着一种特殊的资源：人。而对这种资源的管理存在着不同的层次。管理得好，它可以取之不尽、用之不竭；管理不好，它也可能一取即尽、一用即竭。那些只知用职权管人，而不知用人格影响人的领导，无论官位有多高、能力有多强、知识有多丰富，都无法取得下属的信任，更别说长期追随，而一个没有人与之同心同德的领导者，即便有再伟大的理想、再完美的计划，也只能是空中楼阁。相反，成功的领导者具备登高一呼、应者云集的号召力，具备利用各种人才、平衡各种力量的统筹能力，具备“用人长、容人短”“胜不骄，败不馁”的胸怀和气度，具备应对各种困难、各种复杂局面的手段和技巧，他无论在哪里出现，都会成为众人瞩目的焦点，即使他不出声，也能令人毫无保留地对他产生信任感，人们愿意接受他的建议，在突发事件时愿意听从他的指导。这种领袖模范是如此令人着迷，以致多少管理者望之兴叹。

因此，对于领导者来说，用职权管人不是本事，通过人格服人才是本事；颐指气使不是本事，“不令而从”才是本事；用惩罚使人害怕不是本事，凭魅力赢得追随才是本事；自己有本事不是本事，让有本事的人为己所用才是本事。管理是一门学问，是一门艺术，更是一套高深的谋略。

中国的传统管理哲学中有“内圣而外王”之说。所谓“内圣”就是做人，“外王”就是管人。显然，“内圣”是“外王”的前提和基础，没有“内圣”就不可能有“外王”。《大学》里有段经典的传世名言：

“古之欲明德于天下者，先治其国；欲治其国者，先齐其家；欲齐其家者，先修其身。”孔子曰：“其身正，不令而行；其身不正，虽令不从。”清朝康熙皇帝也说过：“江山之固，在德不在险。”这些古训都强调领导者自身的道德修养在管理工作中的重要意义。领导最重要的权力来源是“德”。超级领导者身上的那种气质和影响力，绝非掌握一些机械的领导方法和技巧就能达到的，而是长期自我修炼的结果。真正有魅力的领导,站在那儿就是一种无声的号召。“三分管人，七分做人”是管理的最高境界，它是中国式管理哲学的逻辑，也是最适合中国人的本土管理思想。所有想在领导职位上待得长久的人，所有立志于凝聚人心、干一番事业的人，都必须练就这种本事。

本书在深度挖掘中国传统文化中的管理哲学基础上,围绕“治国者，先修其身”“致天下之治者在人才”“人能尽其才则百事兴”“上君尽人之智”“我无为而民自化”“得人心之道，莫过于利人”“疑则勿用，用则勿疑”“礼之用，和为贵”等核心理念，提出了一整套最适合中国人心理行为特性的管理模式，即“三分管人，七分做人”。这种管理模式以道、儒、法家思想为理论基础，强调管理就是修己安人的过程，主张从个人的修身做人做起，然后才有资格来从事管理，领导者只有具备公正的态度、卓越的德行、个性的魅力、超凡的智慧、榜样的力量、丰富的情感，才能拥有崇高的威望，获得下属由衷的崇敬和钦佩，博得团队忠诚的拥戴与支持，从而实施最有效的领导，使管理中的许多复杂问题化于无形。

目 录

第一章　治国者，先修其身

良好的气质本身就是一种领导力量 \1

不能做以私害公的糊涂事 \2

不要随便显露你的情绪 \4

守静致虚，不轻率决策 \6

胸怀宽度决定事业高度 \8

尊重下属，方能赢得下属的尊重 \10

“九思”是一门必修课 \12

凡事苛刻是大忌 \14

让目标激励自己前行 \16

正直助人成功 \18

自信使人无坚不摧 \20

坚韧是成功的基石 \22

保持清醒，学会自控 \23

第二章　人尽其才则百事兴

资产只是一个数字，人才是真正的财富 \25

用最高的位置把最有本事的人留下来 \26

注意那些口碑极好的普通人 \28
缺点不是弱点 \29
找准公司发动机，然后提供舞台 \30
信誉是衡量人才的首要标准 \32
合适比优秀更重要 \33
引进人才要注意“安全着陆” \35
掌控那些能力比你强的下属 \37
粘住你的核心人才 \38
集属下之长，补自己之短 \40
一个坑一个萝卜，而不是一个萝卜一个坑 \41
宁用愚人，不用小人 \42
创造价值的能力是最重要的胜任指标 \43
高薪能激发员工的工作热情 \44
人岗不匹配是人才资源的浪费 \47

第三章　无威难驭下

时刻让人知道你是“有身份”的人 \49
要有鲜明的立场，不可迁就大多数 \51
谨言慎行，说一不二 \52
小事也要严格要求 \54

与下属保持适当距离 \55
带头做出业绩，权威水到渠成 \56
轻诺者寡信 \57
利用情感树威信 \59
积极挖掘下属的闪光点 \61
让自己保持“竞技状态” \63
关键问题要抓准 \64
话里有话显身份 \66
有权威才会有服从 \67
赏罚分明，方显公平 \69
惩罚到位：稳、准、狠 \71

第四章　其身正，不令而行

先完善自己，管好自己才能带好队伍 \74
找出自身独特的“卖点”，做自己的“品牌经理” \76
管出“雷锋”，自己先当“雷锋” \78
适当时候要“御驾亲征” \80
做任何事情都要用心 \82
管理是一种让员工自愿跟从的能力 \84
不懂不是错，不懂装懂才是错 \86

解决问题，最简单的方法就是“带头往下跳”\88
非权力影响力激发最佳管理效能 \89
绝不可严于律人，宽以待己 \91
以理服人，树立个人威望 \93
赢得人心，仁义比金钱更有效 \95
勇于承担责任，不揽功，不诿过 \97

第五章　上下同欲者胜

要能把握“到位感”\100
互相搭台，才能共同起跳 \102
让部下产生“自己人”意识 \103
以别人的心甘情愿为前提 \105
和谐管理绝不是讨好员工 \106
懂得互利才能留住人 \108
用情感抓住下属“骚动的心”\111
荣耀面前，团队分享，团伙独享 \113
“笼络”下属的技巧 \114
同舟共济，患难见真情 \116
努力营造员工的归属感 \118
帮下属确定工作目标 \120

引导下属奔向共同目的 \122

第六章　我无为而民自化

管头管脚，但不要从头管到脚 \124
不可迷恋冰冷的上下级关系 \126
好的领导者如空气 \128
别让员工因你的责备而如坐针毡 \129
因势利导才能激发出下属的潜能 \131
管人不如管心 \132
三个臭皮匠赛过一个诸葛亮 \134
最好的管理是没有管理 \135
让员工实现自我管理 \137
管理上切忌个人英雄主义 \138
让下属参与管理工作 \139
对待员工宜宽不宜严 \141
好员工不是管出来的，而是赞出来的 \142

第七章　圣人执要，四方来效

只需下达目标，不必布置细节 \144
大权独揽，小权分散 \145

授权之后，仍应监督 \147

放权不是放任自流 \148

用而有度，授中有控 \150

政策制定要集权，执行可授权 \151

放权有利于开发员工潜能 \153

把任务授权给合适的人 \154

信任是关键 \156

给下属更多的决策权和责任 \157

第八章　沟通要行之有术

理解“上情”，理顺“下情”\159

既要雅的，也要俗的 \161

既要明言，也要暗示 \162

要放下架子，待人真诚 \163

使意见在不同类型的成员之间畅通无阻 \164

要善于听，还要善于想 \165

管理其实就是一个沟通的过程 \166

建立内部沟通系统 \169

沟通方法不拘一格 \171

群策群力，沟通无边界 \172

从身体语言中捕捉沟通信息 \174
上下级沟通要讲“礼”\178
掌握成功演讲的“魔术公式”\181
掌握控场技巧 \183
正确处理下属的抱怨 \185

第九章　不明察不能烛私
整肃下属先要严格考核 \188
与成果相比，新进人员的努力过程更重要 \190
充分利用下属纠纷的机会来考核他们 \191
以明确态度纠正下属的错误 \192
奖与罚都应以业绩考评为依据 \193
绩效考核要服务于员工的成长 \194
让绩效考核不再冷冰冰 \195
正确看待下属没有完成任务的情况 \197
无论赏罚都要做到有理有据 \198
工作态度一定要纳入考核 \199
绩效考核七部曲 \201
把利益与效益挂钩 \207

第十章　法为民立，民以法存

制度的建立和完善应始终放在首位 \210

制度生效靠的是执行力 \212

制度不是通用的，必须量身定做 \214

管理者不能超越制度权威 \217

制度为企业做大做强导航 \219

完备管理制度的四大基石 \221

软性的文化力量来自于对刚性制度的敬仰 \224

死守是制度的坟墓 \226

不能产生效益的制度就是摆设 \229

纪律与温情要两手抓 \231

事易时移，变革创新 \233

管理者重视不够是制度错位的第一大原因 \235

制定制度必须遵守的十大原则 \236

制定制度必须避免的八种现象 \240

用制度管人的两项准则 \242

第一章
治国者，先修其身

良好的气质本身就是一种领导力量

如果你想表现出领袖气质，展现给下属一种独特的魅力与领导威严，你就得多花些时间和精力培养自己的气质。从言谈举止到衣着打扮，都不可马虎大意。

二战名将巴顿就非常注重仪表。在战场上，他手下的官兵老远就能把他认出来，因为他标志性的穿着十分打眼：一顶闪亮的头盔，臀部两边各挂一把手枪，还系着领带。英国将领蒙哥马利则以“贝雷帽”装扮著称。在羊毛质料扁软的小帽上，蒙哥马利缀上他手下主要作战单位的队徽，而且随时穿着一件套头衬衫。蒙哥马利由此建立起了一个随和的形象，即使在战斗最激烈的时刻，官兵们只要见到头戴缀满队徽的软帽，身穿一件套头衬衫的将军，就马上知道他们的司令官来了。

谁也不是天生的领导者，领袖的气质是修炼出来的，而且不是一个人独自修炼的结果，而是周遭环境不断渲染的产物。刚当上领导的人，常常没有领导范儿，但当过一段时间之后，就越来越像领导了。一个人的级别越高，接触的人层次越高，见的场面也越大，气质形象自然就熏陶出来了。

不少领导者喜欢抽烟、喝酒，且不论这些不良嗜好会给身心健康带来多大的危害，单从领导者个人修养和表率作用来说，也应该戒掉。

领导智慧……………………………………………………………

领导气质作为一种隐性的力量，是可以修炼出来的。所谓“习惯成自然”，要从生活和工作中的每个细节“打磨”自己。

不能做以私害公的糊涂事

做领导久了，很容易把公事私事搅在一起，甚至发生以私害公的事情。这样做危害极大，不仅损害自己的形象和威严，而且私事也未必能保全。因私害公是两边都不讨好的管人大忌。

萧何与曹参是西汉初期的两位重要大臣。两人都曾是沛县小吏，萧何是主吏椽，曹参是狱椽，又同时参与了刘邦起兵。两人一文一武，一个运筹帷幄，支撑全局；一个披坚执锐，身经百战，同为大汉王朝的开国元勋。

刘邦消灭项羽，统一天下后，大行封赏。刘邦定萧何为首功，封他为酂侯，食邑最多。这时，包括曹参在内的许多功臣心里愤愤不平，私下里议论不休，他们说自己跟随刘邦辗转南北，身经百战，而萧何只不过安坐后方发发议论，做做文字工作而已，毫无战功，为什么他的食邑反而最多呢？

刘邦听说此事后，反问他们："你们知道猎人吗？打猎的时候，追杀野兽的是猎狗，而指示行踪，放狗追兽的是人。如今诸位只是能猎获野兽，相当于猎狗的功劳。至于萧何，他能放出猎狗，指示追逐目标，那相当于猎人的功劳。况且你们只是一个人追随我，多的也不过带两三个家里人，而萧何却是全族好几十人跟随我，这些功劳怎么能抹杀呢？"众人听罢，都无言以答，默不作声。

分封诸侯之后，接着是排位次。战将们把曹参推出来，纷纷陈辞道："平阳侯曹参跟随陛下南征北战，身受七十余处战伤，攻城略地，功劳最多，应排第一。"刘邦已经压过大家一次，重封了萧何，这次虽还想把萧何封为第一，却一时找不到理由。这时，关内侯鄂君出来说话："在楚汉战争中，陛下有好几次都是全军溃败，只身逃脱，全靠萧何从关中派出军队来补充。有时，就是没有陛下的命令，萧何一次也派遣几万人，正好补充了陛下的急需。不仅是士兵，就是军粮也全靠萧何转漕关中，才保证了供应。这些都是创立汉家天下流传后世的大功劳，怎么能把像曹参等人只是一时的战功列在万世之功的前面呢！依臣之见，萧何应排第一，曹参第二。"鄂君的这番言论，正中刘邦下怀，于是顺水推舟，把萧何排为第一。这样，萧何位列众卿之首，被称为"开国第一侯"。

两次事件虽然都是刘邦决定的，但曹参、萧何之间的嫌隙也因此产生了。史称“（萧）何素不与曹参相能”，又称“参始微时，与萧何善，及为将相，有隙”。萧曹二人有“隙”的事，也传到了刘邦耳里，但曹参从未口出怨言。后来刘邦怀疑萧何在京有变，曾先后以隐晦的语言探询曹参对萧何的看法，曹参总是力陈萧何忠心耿耿免劳圣虑。刘邦听言，反疑他人传言他们二人有“隙”为无稽之谈！

萧何对曹参也同样“于私有隙，于公无怨”。萧何病重之时，惠帝前往探视，问道：“君即百岁后，谁可代君者？”萧何答道：“知臣莫如主。”惠帝问：“曹参何如？”萧何马上顿首道：“帝得之矣，臣死不恨矣！”完全抛弃个人恩怨，举荐曹参。而曹参为相后，也是不计个人恩怨，全部沿袭萧何成法，史称：“至何且死，所推贤惟参，参代何为汉相国，举事无所变更，一遵萧何约束。”这就是公私分明的宰相气度。

领导智慧……………………………………………………

公是公，私是私，切不可眉毛胡子一把抓。能否公私分明，考验一个领导的度量，也考验其智慧。

不要随便显露你的情绪

诸葛亮在中国古代是智慧的化身，但是他的妻子黄月英却是历史上有名的丑女。相传黄氏发黄面黑，长得很难看，附近的青年男子都不愿娶她。不过黄氏长得虽丑，却颇有内才，品德极佳，她还是当时有名的才女。

黄氏的父亲黄承彦听说诸葛亮想找个老婆，便对他说：“闻君择妇，家有丑女，黄头黑面，才堪相配。”结果诸葛亮竟然真的重才轻色，当即求亲，于是黄承彦便将女儿嫁给了诸葛亮。这位相貌虽丑却颇具内才的黄氏，却使诸葛亮终生受益，后来挂印封侯，成就伟业，也得力于贤内助。

在戏剧和图画中，诸葛亮总是身披八卦衣，手持鹅毛扇，一副运筹帷幄、决胜千里的姿态。传说鹅毛扇便是黄氏送给他的一件礼物。诸葛亮出山辅佐刘备，临行前，黄氏用其父赠给她的一只大鹏鸟翅做了一把扇子，扇柄上画着八阵图，要诸葛亮随身携带，一则不忘夫妻恩爱，二则对行军作战大有裨益，三则告诫他息怒。尤其是第三点，至关重要。

黄氏对诸葛亮说：“你与家父畅谈天下大事时，我发现当你说到胸中的大志，就气宇轩昂；谈到刘备先生想请你出山，就眉飞色舞；一讲到曹操，就眉头深锁；一提到孙权，就忧戚于心。大丈夫做事情一定要沉得住气，我送你这把扇子就是给你用来遮面的。”

诸葛亮拿起鹅毛扇一摇，头脑很快就冷静下来。因此，诸葛亮离开草庐后，一直身不离八卦衣，手不离鹅毛扇。原来，诸葛亮拿扇子“遮面”并非故作深沉，而是说先要沉得住气，然后才能保持冷静，作出正确的判断。

有时候，我们遇见发脾气、哭泣或者撒娇的人，会认为他们本性自然，为人真诚。其实这是一种纵容的说法，人与动物不同，应该具有理性，不能过于情绪化。一个人要学会控制自己的情绪，做到凡事处之泰然。千万不要早上上班前跟老婆吵个架，跟老公斗个嘴，结果还没下班全公司的人就都知道了。身处领导岗位的人，尤其不能如此。

领导智慧

大丈夫处世一定要临变不惊，领导者更要努力使自己做到“处之泰然”，才不至于因一时怒火铸就无法弥补的过错。

守静致虚，不轻率决策

“守静”是中国古代哲学中常见的一个命题，最早的提出者就是老子。老子十分重视清静在社会政治生活和人生修养中的作用，劝说世人要“致虚”“守静”。对领导者来讲，“守静”就是在决策时要抵制各种外界诱惑，冷静、客观地判断形势，只有这样才能避免盲目决策给企业带来的风险。有人提出，企业家要有理想，但不能理想化，讲的正是“守静”的道理。

在企业界，有的企业家是赌徒，敢于大冒风险。他们很像项羽，具有英雄主义的浪漫情怀，能给人很痛快的感觉。但是“自刎乌江”的最终结果，却是每个人都不愿看到的。英雄主义与现实是有很大区别的，盲目地冒险并非明智。

在一次企业家精神研讨会上，与会者总结出这么一个观点："成功人士都有一个共同的特点——一个唯一的特点，他们都不是'风险偏好者'。他们总是试图确定风险的性质，并且最大限度地降低风险。否则，他们中间就没有人会取得成功。"德鲁克对这个观点十分赞同，他认为创新当然是有风险的。但是，坐进汽车，开车去超市买面包，也同样有风险。一切经济活动就其定义而言都是"高风险"活动，保护昔日的成果比创造未来的风险更大。创新者只有在确定风险性质、界定风险范围的情况下才可能取得成功，只有在系统分析创新机会来源、认准机会和利用机会的情况下才能取得成功。

成功的创新者都比较保守，而且必须保守。并且，就一般而言，我们对于创新多半有一个误解，即打破旧的才能有创新。事实上所谓的新产品，真正完完全全是新的毕竟只是少数，即使一些商品标榜着大创新、大革新，其实大多还是从已有的领域当中进行改进与创新而已。因此，虽然只是提升了旧有商品的附加值，依然会得到广大消费者的青睐。

卓越的领导者和决策者，绝不会轻率地对企业进行变革，他们总是冷静地分析现实，在提出可行性方案后，总会先采取谨慎的或者是渐进的方式进行"探水"，而不是盲目地改革。然而，很多企业的领导者却经常在变革过程中盲目冒险，结果造成了严重后果。

柳传志对自己做事的风格有个形象的描述："先要看，看好了再去试，一步，两步，三步，踩实一脚，再踩实一脚，每踏出一步，都小心翼翼地抬头远望并回头四顾，感觉这一步大了，就再回头踩踩，直到终于看到踏实的黄土路，撒腿就跑……"

领导智慧

一个过于理想化的企业家，往往会令企业的成长道路布满荆棘。只有“致虚极，守静笃”，把心冷静下来，反复权衡之后才能作出有利于企业发展的决策。

胸怀宽度决定事业高度

有人问孔子：“以德报怨何如？”孔子答：“何以报德？以直报怨，以德报德。”由此看出，孔子不赞成用恩德来报答怨恨，他主张以直道而行，是是非非，善善恶恶，对你好的，你当然对他好；对你不好的，你可以不记恨他就是了。用今天的话来说，做人要有一颗包容之心。

仙涯和尚在博多寺任住持时，学僧甚多，僧徒中有一名叫湛元的弟子。城里花街柳巷很多，湛元时常偷偷地爬过院墙，到红街去游乐。他的心太花了，一听说哪条巷子里又来了一位如花似玉的美姬，就会去玩一次。一来二去寺内的僧众们都知道了这事，连住持仙涯和尚也知道了。有人建议他把湛元逐出山门，可仙涯只应了一声：“啊，是吗？”

一个雪花飘飘的晚上，湛元拿了一个洗脸盆垫脚，又翻墙出去“游春”了。仙涯和尚知道后，就把那个盆子放好，自己在放盆子的地方坐禅。雪片覆满了仙涯的全身，寒气浸透了仙涯的筋骨。拂晓时分，湛元回来了，他用脚踩在原来放盆的地方，发现踩的东西软绵绵的，跳下地来一看，原来是师父，不觉大吃一惊。

仙涯说："清晨天气很冷，快点去睡吧，小心着了凉。"说完站起身来，就像没事人似的回到方丈室里去了。从此以后，湛元闭门修心，连寺门也很少出。

仙涯和尚在得知弟子湛元到花街柳巷游玩后，不仅没有按寺规把他逐出师门，反而以自身的行为为参照物来对待他。一句宽容体谅的话，减少了对别人的伤害，保住了他人的面子，却能获得对方的敬仰。在师父如此宽容的胸怀感化下，弟子惭愧之后只有修身养性。

南朝宋国的开国皇帝刘裕也是因宽容而得人心得众助的。

因刘裕能雅量待下，部下们才敢直言，为之竭智尽力。根据《宋书·郑鲜之传》记载："时或言论，人皆依违之，不敢难也；鲜之难必切至，未尝宽假，要须高祖辞穷理屈，然后置之。"刘裕本是靠打杀起家，从未读过书，他的言论错了，也没有人敢纠正他。但郑鲜之对刘裕的谬论却没有放过，往往与之辩到其理屈辞穷，待其认识错了才罢休。刘裕有时感到很狼狈，脸色都变了，但还是容忍而不发作。他曾对人说："我本无术学，言义尤浅。此时言论，诸贤多见宽容，唯郑不尔，独能尽人之意，甚以此感之。"

管理者具有容天地万物的气度，这也是优秀管理者修炼的必备素质之一。管理者的宽容主要表现是虚怀若谷、宽恕礼让、容纳异己、以德报怨。待人宽容，不仅在团队管理中受人尊敬，让部下产生信服之感，还能使自己较为容易获得非权力影响力。胸怀宽度决定着事业的高度，有时无声的宽恕比批评指责更有说服力。

领导智慧

凡成大事者，无不以宽容取胜。做一个心胸宽广的人才能成大事。

尊重下属，方能赢得下属的尊重

以无为之道治理天下，则君主“垂拱而治”，虽高高在上，而人民不觉得压力和负担。同样，以无为之道管理企业，也要使员工心情舒畅，开开心心。这就要求领导者尊重下属，为员工提供人性化的工作环境。只有员工感觉被尊重，他才会反过来尊重领导者，整个团队才能和谐高效地运转。

尊重下属是领导与下属进行交流的一个基本前提。每个人都有自己的尊严，即使是在工作场所中被视为无用的人，也有他自己的想法与自尊心。他或许看似低能，却在某一方面潜藏着特长；也许他一无所长，但他却因此比别人更勤奋卖力。因此，领导者不可因为下属工作能力或为人处世上有一些毛病就对之持嫌弃的态度，一个值得下属尊敬和爱戴的领导者应当时刻把下属的尊严放在心头。

在尊重员工方面，3M 公司的许多做法值得学习。在这家全球知名的跨国企业内部通行一条非常著名的原则：不必询问、不必告知，充分尊重员工的隐私。这个原则就是天条，任何管理者都必须遵守。

管理者鼓励员工做他们想做的事，而不要求详细了解员工的工作细节。正是缘于这种宽松的管理方式，3M 公司员工的创新得到了极大可能地自由发挥。

在 3M 公司，技术人员可以花 15% 的时间在他自己选择的项目上。他们甚至会尝试那些没有被主管认可的想法。曾经有一位叫理查德·德鲁的年轻员工，他在试验一个项目时，被 3M 公司前 CEO 威廉·麦耐特看到，威廉·麦耐特认为这个项目既浪费时间又浪费金钱，出于对工作的负责，他出言建议理查德停下来。但理查德完全没有理会威廉的意见，甚至还对他干涉自己的工作向别的领导表达不满。正是由于理查德的坚持，他为 3M 公司带来了一项突破性的产品。这个产品为 3M 公司带来了巨大的经济利益。

尊重员工是刻在骨子里的，而非口头上的。领导者必须明白，下属的自尊心是应该受到尊重的。不伤害下属的自尊心，不仅是尊重人格，而且对搞好企业大有好处。调查研究表明：凡是自尊心很强的人，不论在什么岗位上，都会尽自己的努力而不甘落后于人。人有了自尊心，才会求上进，有上进心才会努力工作。

领导智慧

管理与人息息相关，这要求管理者要尊重员工、重视员工，竭尽全力地促进员工成长，最大限度地帮助员工获得工作成就感。

“九思”是一门必修课

《论语》有一句话：“君子有九思。视思明，听思聪，色思温，貌思恭，言思忠，事思敬，疑思问，忿思难，见得思义。”意思是说君子看问题要透彻，对别人反映的问题要听端详，对人面容要温和，仪容要恭敬，说话要诚实，做事要谨慎认真，有疑问要向别人请教，气愤的时候要想到可能带来的灾患，有所收获时就要仔细想一想其中的原因。

这段话的核心是讲“思”，其实质是用脑想问题。“九”是阳数之极，所以孔子以九思概述，意思是说要多方面思考、多角度想问题。在企业管理中，一名优秀的管理者同样要从这九个方面严格要求自己，从而进行对照和提升自身修养。

（1）要有透过现象看本质的眼光，即“视思明”。看人看事要分得清是非，辨得明真假，要把人和事看得通透才能想得明白，看人要有眼光、眼力和眼界。遇到问题要考虑清楚，眼界要开阔，要做到站得高，看得远，不能一叶障目不见泰山。在一些重大问题上要有长远的眼光，运筹于帷幄之中，决胜于千里之外。不能只看眼前利益，追逐蝇头小利。

（2）要善于倾听，即“听思聪”。耳聪才能明辨，管理者要会听，善纳“基层之音”，多多听取下属的想法、意见，虚心听取来自不同角度的声音，并要听进心里，并针对此信息进行调查考证。不要迷失在歌功颂德的言语中，要善于在异口同声中听出“弦外之音”。

（3）要有平和的态度，即“色思温”。管理者在日常的人际交往中达到心境的平和，有一种“不以物喜，不以己悲”的心理素质。工作中，对待下属及同事应该有平和的心态、温润的言语。要心怀宽广，有容乃大；在人际交往中要处变不惊，潇洒自如。

（4）要有得体的举止，即“貌思恭”。这里强调的是待人处事的仪容的恰到好处。优秀管理者不仅透彻领悟人性，而且具有正直、高尚的人格，他们总是厚德待人，即平等、真诚、宽容地对待他们的下属与上级。

（5）要有诚信，即“言思忠”。孔子一直倡导“言必信，行必果”的思想。优秀管理者要言行一致，说出的话掷地有声，常言道“君子一言，驷马难追”。“言必信，行必果”是人际交往中的一条基本原则，因为它可以促进人与人之间关系的和谐与美妙，这就要求管理者说话应表里如一，真诚坦率地与人交往，把真实的自己显示给对方，不刻意隐瞒自己的看法和真实感情。

（6）要敬业，即“事思敬”。管理者在工作中要做到敬业，做每一份事业都需要全心全意，都要全情投入。没有随随便便就能做好的事情，只有仔细思考，周密准备，态度认真，才能把事情做好。作为管理者，敬业精神是干好管理工作的基石。

（7）要有不耻下问的精神，即“疑思问”。人非圣贤，孰能无惑？关键在于遇到问题要多问。只有不断发现问题，不断思考问题，才能不断解决问题，才能不断进步。管理者要好奇，遇到疑惑要想到发问。

（8）要学会节制自己，即“忿思难”。管理者要学会管理和掌控自己的情绪，要懂得节制自己。俗话说“忍一时风平浪静，退一步海阔天空”。总结前人的经验，要做到“忿思难”，关键是练就一个“忍”字。所以小忿要忍，大忿也需要忍气制怒。

（9）要取财有道，即“见得思义”。管理者不要被利益所迷惑，见到利益时要考虑到是否合乎道义。优秀管理者应该洁身自好，淡泊名利，重义轻财，先义后利。严守道德底线，不为金钱所困，不为名利所惑，不为权欲所制，在利益面前坚守自己的道义标准。君子爱财要取之有道，切不能把道义放两旁，把“利”字摆中间。

领导智慧

领导者要善于从多方面、多角度思考。思考要有具体途经和方法，要有思考的对象，要有思考的载体，要有思考的内容。

凡事苛刻是大忌

凡事苛刻的领导者不会获得追随者，只有那些具有宽阔胸怀的人，才能赢得人的信赖和忠诚。事业是用胸怀丈量出来的，要想成功，首先要使自己的胸怀更为宽阔。古今中外，凡成大事者，无不以广阔的胸怀取胜。

迈克尔·乔丹不仅是一名球艺精湛的著名球星，还是一位胸怀宽广、欣赏自己的对手的人。

很多年前的一场 NBA 决赛中，NBA 中的另一位新秀皮蓬独得 33 分，超过乔丹 3 分，因而成为公牛队中比赛得分首次超过乔丹的球员。比赛结束后，乔丹与皮蓬紧紧拥抱，两人泪光闪闪。

开始时，由于皮蓬是公牛队中最有希望超越乔丹的新秀，他自己也时常流露出一种对乔丹不屑一顾的神情，还经常说乔丹在某方面不如自己，自己一定会推翻乔丹在公牛队的首席位置这一类话。但乔丹并没有把皮蓬当作潜在的威胁而排挤皮蓬，而是以欣赏的态度处处对皮蓬加以鼓励。

有一次，乔丹对皮蓬说："我俩的三分球谁投得好？"皮蓬有点心不在焉地回答："你明知故问，当然是你。"因为那时乔丹的三分球成功率是 28.6%，而皮蓬是 26.4%。

但乔丹微笑着纠正："不，是你！你投三分球的动作规范、自然，很有天赋，以后一定会投得更好，而我投三分球还有很多弱点。"还对他说："我扣篮多用右手，习惯地用左手帮一下，而你，左右都行。"这一细节连皮蓬自己都不知道，他深深地为乔丹的无私所感动。

从那以后，皮蓬不再把乔丹当成对手，两人彼此欣赏对方，成了最好的朋友。

乔丹不仅以球艺，更以他那坦然无私的广阔胸襟，赢得了所有人的拥护和尊重，包括他的对手。

胸怀宽广的重要标志是宽容。宽容是一种美德，一个优秀的管理者若能以宽宏的度量来对待下属，必将获得下属的信赖。但宽容也需要智慧，领导者在管理工作中要学会在适当的时机给出错的人一个“台阶”。如果你能帮他保住面子，维护他的尊严，他必然会对你极其信服，更加高效地工作。

领导智慧

“宰相肚里能撑船，将军额上能跑马”，自古以来，英明的领导者都具有心胸宽广的特征，小肚鸡肠之辈是绝不可能做好领导者的。

让目标激励自己前行

树立目标，可以给你增强努力做好工作的欲望和力量。在受到挫折乃至失败的时候，这个目标会给你力量，让你继续支撑下去，让你继续奋斗。如果一个管理者不知道要实现什么样的目标，为什么要实现这个目标，那么他是不可能成功的。

《工业周刊》对美国管理者所作调查，为工作目标的流行提供了有趣的见解。首先是好消息，75% 的被调查者认为他们有明确的工作目标；坏消息是，否定的回答在每一较低的管理者层次都有所增加。在高层管理者中，80% 的人回答有明确的目标，中层管理者降为 70%，基层管理者中只有 61%。

绩效标准的明确性也随管理层次的降低而降低。61% 的高层管理者认为他们在工作中有明确的绩效标准，中层管理者和基层管理者分别只有53%和51%。

这些结果从总体上对不同层次的管理者有一定的适用性，这足以说明，在为管理者提供明确的目标、绩效标准和绩效反馈方面显然还有改进的余地。另外，如果这些结果是对管理者的调查得出的，那么如果对操作工人进行民意测验又会得出什么结论呢？例如，如果目标的明确性随组织层次的降低而下降，那么，理所当然就可以得出下面的结论：或许50%或更多的一般员工缺乏明确的工作目标。

但是，一旦确定目标，付诸行动，他应该"独断专行"，坚持到底。这件事说起来容易做起来难，这不但要求管理者有知人之明：相信谁、依靠谁，在听取意见时善于分析，做到去粗取精、去伪存真，而且还要善于在行动中正确选择和把握时机。所以，一个人在某一领域是好的管理者，在另一个领域却不一定是好的管理者。我们不能要求他在任何情况下和在所有领域都是同样好的管理者。

确定目标后，成功的管理者往往能执行到底。

随着社会的发展和技术的进步，未来对管理者提出了更高的要求。作为新时代的管理者，应该是现实主义者，充分认识到行动的重要性，即使是在难以预测结果的情况下，也要坚持不懈。与此同时，管理者又应该是理想主义者，能够在更广阔的视野上，向既定目标顽强地开拓前进，即使这一目标需要几代人的持续努力，也要全力以赴。许多管理者在到达权力顶峰的时候，任期却已行将届满，他们虽然不可能亲眼目睹自己为之终生奋斗的事业取得最后的成功，但仍然勇猛前进。有许许多多这样的管理者——在实业界、教育界、政界、宗教界，他们矢志不渝，奋斗不已。

领导智慧 ……………………………………………………………………

一旦确定目标，付诸行动，管理者应该有“独断专行”的魄力和坚持到底的毅力。

正直助人成功

字典将正直定义为“完整，一致的状态”。正直的人没有分裂的忠诚（那是口是心非），也不只是假装（那是虚伪）。正直的人是“完整”的人，可以从他们的一心一意中辨认出来。正直的人无所畏惧也无所隐瞒，他们的生活是敞开的书本。吉伯特·毕尔说：“一个正直的人，他已确立一种价值体系，生活中的一切都由它来判断。”

正直，不是我们做什么，决定我们是什么人，而是我们是什么人，决定我们做什么。价值体系是我们的一部分，因此不能将它跟我们分离。它已变成引导我们的导航系统，使我们在生活中建立优先顺序，判断我们该接受或拒绝什么。

正直凝聚我们全部的人格力量，助长我们内在满足的精神。当正直担任裁判时，我们言行一致，我们的行为会反映我们的信念。在幸福美满或遭遇不幸的时候，我们的样子和家人所认识的我们之间，没有矛盾。不管我们的环境如何，牵涉到什么人，或我们在什么样的地方测试，正直允许我们预先决定将会怎么做。正直不只是两个欲望间的裁判，它还是快乐的人和分裂心灵间的轴心点。不管有什么阻拦我们，它允许我们成为一个完整的人。

为赢得信任，管理者必须可靠。为做到这一点，必须做得像伟大的作曲家那样——歌词与音乐必须契合。

管理者言行必须一致。例如：

我们对员工说："要积极。"我们展现积极的态度，他们会表现积极。

我们对员工说："顾客第一。"我们把顾客摆在第一，他们也会把顾客摆在第一。

人们学习到的东西，89% 是经由视觉的刺激，10% 透过听觉刺激，另外 1% 是其他的感觉。所以，可以解释很多追随者看到和听到他们的管理者言行一致，他们也忠诚一致。他们听到的，他们明白；他们看见的，他们相信！

我们常企图以噱头激励我们的追随者，那是短暂和肤浅的效果。人们要的不是说的座右铭，而是可以看的典范。

正直赢得信任。你越可靠，别人就对你越有信心，因而允许你的特权影响他们的生活；你越不可靠，人们对你越没信心，你就会越快丧失你影响别人的地位。在一项调查中，大多数的资深主管认为，正直是事业成功最必要的特质。在提高一位主管的成效方面，有 71% 的人，在 16 个项目中将正直列为排名第一。

大卫·艾森豪说过："为了当一个领袖，一个人必须有追随者。为了要有追随者，一个人必须拥有他们的信心。因此，一个领袖最重要的特质就是不容置疑的正直。没有它，不可能有真正的成功。如果一个人的同事发现他作假而心虚，如果他们发现他欠缺正直，他会失败。他的言语和行动必须互相一致。因此，最需要的是正直和高贵的目的。”

可悲的是，有很多管理者永远得不到足够的权威以变得有效。为什么？他们舍本逐末，他们缺乏权威，最重要的，他们缺少正直。卡内基－美仑大学的一项调查显示，400 位经理中，有 45% 信任他们的高层经理，有 30% 不信任他们的顶头上司。

卡维持・罗伯说：“若我的人了解我，我会得到他们的注意；若我的人信任我，我会得到他们的行动。”一个有权威的领导，他要的不只是头衔，他必须得到追随者。

领导智慧……………………………………………………………………

正直是一个领导者所具备品质的核心和灵魂，因为没有一个下属愿意追随一个弄虚作假或有意欺骗的领导者。

自信使人无坚不摧

哈佛 MBA 毕业生、NET 公司总经理唐纳德礼说：“信心是心灵的第一号化学家。当信心融合在思想里，潜意识会立即拾起这种震撼，把它变成等量的精神力量，再转送到无限智慧的领域里，促成成功思想的物质化。”因此，信心的力量是惊人的，它可以改变恶劣的现状，形成令人难以置信的圆满结局。

一个成功的领导者往往有很强的信心，甚至会有咄咄逼人的感觉。他们既会在自己内心里相信自己，也会在公众面前表现出这种自信心。他们一般不会斤斤计较、心胸狭窄，他们也永远不会畏首畏尾、推诿责任。要拥有这样的自信，领导除了对自己和自己正在经营的事业有着无比坚定的信念外，也可以在生活细节中培养散发这种自信，比如在开会时挑前面的位子坐，在讨论中习惯当众发言，与人说话时礼貌地正视别人等。

1. 挑前面的位子坐

大部分占据后排座位的领导人，都希望自己不会“太显眼”，而他们怕受人注目的原因就是缺乏信心。坐在前面能建立自信心，把它当作一个规则试试看，从现在开始就尽量往前坐。当然，坐前面会比较显眼，但要记住，有关成功的一切都是显眼的。

2. 练习正视别人

一个人的眼神可以透露出许多有关他的信息。正视别人等于告诉他:我很诚实,而且光明正大。我相信我告诉你的是真的,毫不心虚。

3. 练习当众发言

在会议中沉默寡言的领导人都认为 :“我的意见可能没有价值，如果说出来，别人可能会觉得很愚蠢，我最好什么也不说。”这些人常常会对自己许下很渺茫的诺言 :“等下一次再发言。”可是他们很清楚自己是无法实现这个诺言的，这样他会愈来愈丧失自信。从积极的角度来看，如果尽量发言，就会增加信心，下次也更容易发言。所以，要多发言，这是信心的“维生素”，不要担心你会显得很愚蠢。不会的。因为总会有人同意你的见解，所以用心获得会议主席的注意，好让你有机会发言。

领导智慧……………………………………………………………

领导的自信是领导魅力和号召力的源泉。自信就像一面迎风飘扬的旗帜，将追随者凝聚起来，带领他们朝着目标坚定不移地前进。

坚韧是成功的基石

建立了自信的目标，有着满腹的热忱，而过程的艰险，则需要领导用坚韧去担负。世界上没有一件事可以完全保证成功。成功的人和失败的人，只有一个区别就是：能否做到坚韧。

美国总统柯立芝写道：“世界上没有一样东西可以取代坚韧。才干也不可以——怀才不遇者比比皆是，一事无成的天才也到处可见；教育也不可以——世界上充斥着学而无用、学非所用的人；只有坚韧和决心，才能无往而不胜。”

中国民族资本家荣氏兄弟事业的开端是与人合伙办的保兴面粉厂，因规模小，设备简陋，受外国面粉的压力及地方势力的恶意中伤，面粉销路不畅，获利微薄。大股东朱仲甫觉得前途渺茫，而撤股退出。

在散伙的威胁面前，荣氏兄弟办厂的坚定信念不改，他们扩充了资本，改进了设备，使保兴改组为茂新，产品质量和产量都明显提高，赢得了市场信誉，渡过了难关。但事情的发展并不顺利，茂新面粉厂以后又连年遭到大量倾销的外国面粉的挤压，又加上许多新建的民间面粉厂纷纷开工，市场竞争激烈，面粉价格下跌，使茂新连续三年出现了大量亏损。这时，有些股东对企业失去信心，将股份廉价售出。

但是荣氏兄弟认为，面粉生产关系着民生，只要增强企业自身的竞争力，就大有可为。他们意志坚韧，不改初衷，一面收买股份，一面大量借款进行设备的再更新，严把质量关，再创价廉物美的新产品。结果，在多数面粉产品滞销的情况下，他们的产品独树一帜，畅销全国，为中国民族工业发展助了一臂之力。

领导智慧……………………………………………………………

滴水穿石，绳锯木断。只要功夫深，铁杵磨成针，坚忍不拔的意志将助你达成一切目标。

保持清醒，学会自控

在阅读伟人生平时，我们发现他们赢得的第一个胜利就是赢了自己……自律居一切之先。所有伟大的领导人都知道，他们最重要的责任就是自己的训练和个人的成长。如果他们不能领导自己，就不能领导别人。领导人永远不可能领导别人超过他们的能力范围，因为除非他或她自己先在范围内巡行，没有人可以在其间巡行。

一个伟大的领导人可以领导一个伟大的组织，但唯有领导人愿意为成长付出代价，才有可能成长。教育家马卡连柯说：“伟大的意志不仅善于期待并能获得某种东西，而且也善于迫使自己在必要时拒绝某种东西。没有制动器就不可能有机器，没有抑制力也就不可能有任何意志。”

因此，卓越的领导要善于控制自己的情绪，尤其是在发怒时应时刻提醒自己保持冷静，以大局为重，不要因一时冲动而遗恨千古。

领导智慧 ……………………………………………………

领导的艺术很大程度上就是控制的艺术。作为领导者首先要学会控制自己，才可能去控制下属，控制整个团队。

第二章
人尽其才则百事兴

资产只是一个数字，人才是真正的财富

资产只是一个数字，人才是真正的财富。拥有庞大资产的企业，它的实力一定非常雄厚，但如果该企业缺乏各种人才，那么它的兴盛也是短暂的。与此相反，拥有较少资产但注重人才的企业必定会拥有一个更好的发展前景。人才是一个企业成功与否的关键，这是国内外企业家所公认的。

美国惠普电子仪器公司从一个只有 7 名员工、538 美元资本的小作坊一跃而成为令人瞩目的国际集团，靠的就是对人才的重视。惠普公司非常注重人才的吸收，并且在员工的智力发展方面投入了大量资金。惠普规定，公司所有的员工，每周必须至少拿出 20 小时学习业务知识。据统计，培养人才所花的资金占公司总销售额的 1/10，所花的人力占公司人力的 1/10。也许有人会质疑惠普的这种做法，但惠普公司却一直把“寻求最佳人选”作为公司发展的主要经验。惠普公司正是懂得了人才是企业真正的财富，所以才能实现

从一个小作坊到一个跨国集团的华丽转变。

人才乃取胜之本，谁获得了优秀人才，谁就拥有了最大的竞争力，其潜力是不可估算的。所以企业的经营者不要被庞大的资产所迷惑，一定要注重人才的培养，人才是企业真正的财富。

领导智慧

注重人才的培养是增强企业竞争力和发展动力的最佳方法。

用最高的位置把最有本事的人留下来

韩信是帮助刘邦夺取天下的主要功臣之一，在楚汉战争中起着至关重要的作用。但在他被刘邦重用之前，也曾因为得不到重用而出走。据《史记·淮阴侯列传》及《汉书·韩信传》的记载，韩信是淮阴人，不仅出身不好，年轻的时候品行也不怎么好，他唯一的优点就是精通兵法，并且胸怀大志。

韩信曾先后投到项梁和夏侯渊的部下，但都没有受到重用。一次，韩信因触犯军法而被判处斩刑，同案的 13 人均已被行刑问斩。轮到韩信时，他抬头仰视，正好看见滕公，便大声说道："汉王不想成就夺取天下的大业了吗？为什么斩杀壮士！"

滕公见韩信出言不凡，且相貌威武，便释放了韩信，免他一死。此后，滕公向刘邦举荐了韩信，韩信于是被任命为治粟都尉，负责管理全军的粮饷。韩信对于治粟都尉这个职位并不满意，觉得自己在这里没有用武之地。他思来想去，最终决定出逃，另寻可以施展抱负的地方。

刘邦的宰相萧何在得知韩信出逃的消息后，立即乘马去追赶韩信，好不容易把韩信挽留了下来。在追回了韩信之后，萧何向汉王刘邦阐述了他之所以极力挽留韩信的原因。他说："大王，那些逃亡的将领，都是容易得到的人；至于韩信这样的杰出将才，普天下找不出第二个来。大王如果想长久地称王汉中，韩信确实派不上什么用场；如果是想争夺天下，那么韩信就是和你共商大计的不二人选。"

汉王在听了萧何的一番陈述之后，恍然大悟，立即派人召见韩信，要将他拜为大将。萧何赶忙阻拦，并对刘邦说，要想留住像韩信这样的能人，必须表现出对这个人才的尊重。于是汉王选择了一个良辰吉日，事先斋戒，为韩信举办了一个盛大的拜将仪式，封他为"大将军"。

通过这样的一个拜将仪式，不仅显示了韩信所受封的"大将军"的地位非常崇高，也让韩信感受到了自己的价值，从而被刘邦成功地留在了身边，为刘邦日后的称霸提供了重要的人才储备。

从这个典故我们可以看到，有才能的人最大的愿望就是发挥自己的才能。作为一个领导者，应该给那些有能力的人最适合的高位，这才是对他们最好的尊重。

领导智慧……………………………………………………

要想让那些有才能的人为己所用，就必须把最高的位置留给他们，以显示你对他们能力的肯定和尊重。

注意那些口碑极好的普通人

善于识别人才的人，通常能够时刻保持着清醒的头脑，并且拥有自己独立的见解，不被别人的意见所干扰。对于那些已经成名并拥有较好口碑的人才，应该多听一听反面的意见，以考察他所拥有的名声是否属实；对于那些尚未成名的潜在人才所受到的赞誉，则应多加留心，因为这些人才还处于萌芽期，人们没有必要夸大他们的才能以献殷勤。所以，人们对潜在人才的称赞是发自内心的。用人者如果听到大家对一位普通人进行赞扬时，一定要引起注意。

古往今来的许多人才都是因为在普通百姓中拥有较好的口碑而被用人者发掘出来的。东汉末年的诸葛亮就是刘备听到众人的称誉之后起用的奇才。在当时流传着这样一句话："卧龙、凤雏得一而可安天下。"刘备于是四处打听卧龙的下落，在得知卧龙就是诸葛亮之后，不惜"三顾茅庐"，最终获得了诸葛亮这个贤才。周文王也是在百姓的赞誉声中得知渭水边有一个贤才姜太公，于是亲自去把姜太公纳为自己的部下，为武王伐纣储备好了人才。

由此可见，潜在人才多出身卑微，而出身卑微的人一旦受到人们的赞誉，其价值得到了"民间"的承认，用人者定要大胆起用。

领导智慧

群众的眼睛是雪亮的，那些在大众中拥有较高声望的人，必有其过人之处。用人者要善于去发掘这些潜在的人才。

缺点不是弱点

“世界上最受尊敬的企业家”艾柯卡原来是学工程技术的，1946年在罗彻斯特卖卡车时他还是个自命不凡的小伙子。1956年，刚满30岁的艾柯卡进入了美国福特汽车公司，在董事长罗伯特·麦克纳马拉手下工作。在这段时间里，艾柯卡非凡的管理才能渐渐崭露头角。当福特汽车公司的推销工作处于困境的时候，罗伯特·麦克纳马拉毅然决定把艾柯卡召回总部任销售部经理，这使艾柯卡身上潜在的销售工作才能得到充分发挥。那年上半年，艾柯卡即为福特公司创造了百万辆的销售纪录，这一成绩使麦克纳马拉看到了这个年轻人身上卓越的销售才能。

艾柯卡在销售方面确实很有天赋，但他也有缺点，那就是非常地自命不凡，常常出言不逊。麦克纳马拉很清楚艾柯卡的缺点，但在4年后仍把他推荐为公司“轿车”部经理，因为麦克纳马拉知道艾柯卡的这些缺点并不是他的弱点。1970年底，白手起家的艾柯卡终于靠自己的才干爬上了这个家庭企业总裁的高位，在他就任总裁的 8 年时间里，为福特公司净赚了 35 亿美元的利润，在该公司的历史上留下了最辉煌的业绩。

罗伯特·麦克纳马拉起用艾柯卡的事实，充分说明了取长避短的用人原则的有利性，给企业带来的好处是难以估计的。

领导智慧……………………………………………………

管理者应该根据管理活动的需要，在用人伸缩度所允许的范围内，宽厚地包容下属的缺点。这样才能更好地发挥和利用下属的长处。

找准公司发动机，然后提供舞台

联想公司在做业务、做事的时候，特别注意“带人”，事业要做出来，人也要培养出来。这种做事风格逐渐成为一种理论文化，被称为“发动机理论”。

作为联想的一把手，柳传志是一台大发动机，他把他的副手们（各个子公司和主要部门的负责人）都培养成同步的小发动机，而不是齿轮，因为齿轮没有动力，无论他的发动机马力有多强大，齿轮本身多润滑，组合到一起所提供的总能量是有限的；如果副手是同步运行的小发动机的话，大家一起联动的力量将非常强大。

“发动机理论”是如何实施的呢？柳传志表示：首先要提供舞

台。他的副手们都是有特殊追求的人。对他们来说，物质激励远不如精神激励重要，而这个精神激励主要是给他们一个宽广的舞台。联想就是在制定了总公司的目标和战略之后，接着确定各子公司的目标和责任，和子公司的领导们讨论要实现目标他们有哪些权利，并明确奖惩标准。

目标制定以后，具体怎么去实现，是由子公司负责人或者部门负责人及他的团队设计的，在实施之前各个部门负责人要把方案向总部汇报，以保持同步。

在“发动机理论”中，联想强调“三心”。

其一是责任心。任何一名联想员工都必须有责任心。

其二是野心。对中层干部而言，除了责任心，还要有野心登上更大的舞台，去管更多的事，挣更多的钱。只有努力进取，他们才可能成为“发动机”。

其三是事业心。对于核心位置上的核心员工，要有事业心，就是要把联想的事业当成自己的事业来做，一代一代传下去。

领导智慧

一个公司要发展，不仅要有一个能干的领导者，还要有一群同样能干的下属。领导者的任务是发现这些有才能的下属并为他们提供一个施展才能的舞台。

信誉是衡量人才的首要标准

东汉末年的诸葛亮是旷古奇才，用人也以德才兼备为准则。蒋琬、费祎、姜维都是诸葛亮精心选拔的，作为他理政、治军的接班人。这些人的共同点都是德才兼备。

联想集团创始人柳传志也把人才的品德放在第一位，他始终将品德放在才能的前面。他表示：选拔人才时要求“德才兼备”，“德”一定是放在第一位的，一定要有事业心，一定要把企业当作自己的生命来做；至于“才”的方面，就是看是否善于归纳总结，而这种本事是打了很多硬仗之后才能积累获得的经验。

一个具有优秀道德品质的人应该具有许多优点，柳传志认为在“德”里面，最重要的是信誉，他认为：人才的标准首先是信誉。信誉不仅仅是品德，还有能力。人才的训练和培养永远是在“赛马中识别好马”。

人们常说：“天底下最容易挣的是钱，最难挣的是信誉。”用句通俗的话说，钱无非是挣多挣少的问题，靠技巧和力气就可以挣到。而信誉则要靠内在的品质与德行，它不是一天两天就能达成的，需要不断地修身养性，不断地反省提高。

联想集团年轻的副总裁郭为曾说，这是一个充满竞争的年代，企业与企业在竞争，人与人在竞争，他所有的资本就是经验积累和信誉积累。的确，信誉是一种资本，而且是一种“比金子还贵重”的资本。有了这个资本就可以聚合队伍,就可以取信银行、取信用户。在很多时候，办企业和做人一样，实际上是一个永无止境提高信誉的过程。

从 20 世纪 80 年代开始，从国营企事业单位脱胎出来，一些资本较少的新型企业会因为强烈的积聚资本意识而不愿承担向主管上级单位缴纳利润的责任。联想集团从来没有这样做过，从不拖欠一分钱。

我国古代儒家经典著作《大学》就有“财散则民聚”的观点，后来被引申为“财散则人聚,财聚则人散”,大意是说企业家要会赚钱，还要会花钱，柳传志深谙其中的奥妙。中国现在已掀起企业创名牌的热潮，名牌是一种信誉，企业家的信誉也是商标。

领导智慧 ……………………………………………………

人无信难立，产品无信难销，企业无信难存。企业要想崛起、发达，还需从人才的信誉上着手。

合适比优秀更重要

你所需要的不一定是最优秀的人,但一定是最适合的人。因为“岗位需要”而使用人才，所以，“优秀”的人未必就是最能满足岗位需要的人选，在这种意义上，合适比优秀更重要。应聘者在应聘时的典型心理是尽可能美化自己，头上的荣誉光环越多，被重用的可能性就越大。与此相对应的是，企业的经营者费尽心思去寻找真实的优秀的人。对于企业而言，衡量是否优秀的唯一标准是是否符合企业的发展需要。“从企业要求的角度说，匹配的就是人才。”全球知名企业雅芳在聘用人才时，最基本的做法就是为每个职位找合适的人。理性的总经理不会被员工的光环所诱惑，而是紧紧扣住“企业发展需要”这根弦。

成熟的总经理都会掌握一些成熟的方法，来确保企业在使用人才方面的“理性”。DHL 便是这方面的突出代表。作为全球最有名的物流企业之一，为了选拔优秀而且适合公司文化背景的人才，DHL 采用了一些先进的管理理念和人员甄选技术，其中基于胜任力的人员选拔方案是其中的一种主要的选拔方式，力图做到人职匹配。

在人才选拔方案中，DHL 首先会根据自身的企业文化和业务发展，建立起符合公司自身特点的岗位胜任力模型。胜任力是从品质和能力层面论证个体与岗位工作绩效的关系，是个体的态度、价值观和自我形象、动机和特质等潜在的深层次特征，是将某一工作（或组织、文化）中表现优秀者和表现一般者区分开来的基础。

领导智慧……………………………………………………………………

要想真正不被员工的光环所诱惑，企业的管理者一定要做好两个准备工作：建立科学的人才选拔机制，戒除急功近利的用人浮躁心态。

引进人才要注意“安全着陆”

人才的引进是为了促进企业更好地发展，“空降兵”的加盟并不意味企业管理者就可以高枕无忧。“空降兵”能否“安全着陆”，能否为企业带来新的发展，才是企业管理者需要注意的关键所在。

关于引进外来领导者，还有这样一个案例：在一家拥有 100 人左右的公司里，近半数的员工都是跟着老板打江山过来的，彼此很信任。本来公司里气氛融洽，年轻人又多，办公环境很轻松，下班后大小聚会也是常有的事儿。但是，随着新任主管张素的到来，公司的气氛悄悄起了变化，大家工作时正襟危坐，说话时谨小慎微，下班后行色匆匆，就怕被新主管抓住工作上的把柄。

张素是公司老板从对手那儿挖过来的“空降兵”，她对于出现这种情况感到很委屈，“我来之前，公司的管理确实太松散了，人浮于事，效率不高，老板既然重金请我来，我觉得就应该发挥自己的作用，把能办的事情办好。”基于这样的思考，她决定从自己部门的工作入手，整顿办公室纪律，严肃工作程序和流程。

又到月底，员工开始去财务报销一些日常的办公费用。上一任主管往往不看这些花花绿绿的发票，立即就在报销单上签字。张素却非常认真，逐条逐笔详细审核。从中她发现了很多问题：有总款额核算不对的，有发票种类和事由不符的，有非公务开支不应报销的。她的这种做法效果明显，一个月下来，办公开支减少了数万元，老板甚为满意。但公司上下对她意见已经很大。

没过多久，那些利益受损的老员工开始集中向张素开火。“没能力”“不团结”“自以为是”，他们对张素的负面评价越来越多。甚至在部门经理会议上，有人公然指责财务部门不支持工作。随着向老板打小报告的人越来越多，本来对张素还很信任的老板逐渐对她不满起来。在张素来到这个公司的两个月之后，老板为了维护公司的和平氛围，只好将张素解雇。

面对这种情况,企业的管理者一定要看到“空降兵”与“旧势力”必然发生冲突这种客观现实。企业的老员工可能会制造麻烦来抵制外来管理者，而外来管理者又想尽快树立起威信，通常都会拿老员工开刀。同时，引入“空降兵”的企业管理体系和管理基础往往又是空白，一般不太讲究规则。外来人才要想运作好，势必要不按套路出牌，由此产生了“空降兵”和老员工的职业行为、职业方式上存在的沟通困难和天然文化冲突。企业的老员工和职业经理人的磨合是一次痛苦而漫长的过程，企业管理者要妥善处理好两者的关系，既要让“空降兵”才华得以表现，又不会过分伤害到原来的老员工。

领导智慧……………………………………………………………………

作为企业的领导者，在引进“空降兵”之后，一定要为其营建一个良好的生存环境，使他们“安全着陆”。

掌控那些能力比你强的下属

工作中下属是能人的现象随处可见，否则就会像九斤老太说的那样“一代不如一代”。然而每个上司对待能力强的下属的态度却千差万别，正是由于这不同的态度和做法，不仅影响着能干的下属的命运，同样也影响着自身的利益。所以，作为一个上司，一定要善用能力比自己强的下属。

能力强的人的可贵就在于有主见、有创意，不随波逐流，不看别人的眼色行事。他们创造力强，能为组织带来绩效，为上司开创局面，甚至其能力超过上司。既是创新开拓就难免与传统、权威不一致，甚至也可能与上司合不来。任何发明创造、改革进取都不能保证百分之百的成功，错误与失败在所难免，甚至失败多于成功。上司用强于自己的人要有“大肚能容，容天下难容之士”的雅量，才能大业能成，成常人难成之举。

对待有能力的下属要把握三点：一用、二管、三养。用就是给能人非常具有挑战性的工作，千方百计地调动能人的积极性，让他们出色地完成工作，让他们的能力得到发挥，让他们的才华得到施展，给他们以舞台满足感，只有这样才能留住他们，不然，离去只是迟早的事情。所谓管，就是管住能人的一些毛病，用制度把他们约束起来，注重与他们进行思想沟通交流，力争达成共识。所谓养，就是要引导能人少说多做，做出成绩，还要善意地有艺术性地帮他们改掉毛病，同时也要教导组织成员解放思想、更新观念，见贤思齐，使组织形成团结合作、积极进取的健康氛围，然后再引导他们和组织成员融合在一起。

领导智慧……………………………………………………………

如果你真心希望你的下属能够各尽其才、各尽其能，为你的事业而奋斗，就必须敢于起用那些能力比你强的人，让他们的才华铸就你事业的辉煌。

粘住你的核心人才

依据“80/20”原理，在企业中，20％的人才创造了80％的效益。毫无疑问，这20％的人才是企业的核心人才。在产品、技术、渠道等要素趋于同质化的市场环境里，人才已经成为了企业构造差异化竞争力的关键因素，而创造了企业80％效益的核心人才，更是成为了企业竞争力的灵魂。甚至可以说，企业之间的竞争，归根结底取决于企业是否拥有、用好和留住核心人才。因此，加强对核心人才的管理，提高核心人才的忠诚度，已成为中层领导的重要职能。西门子全球人事副总裁高斯说：“西门子企业能将几十万员工凝聚在一起，靠的是两大法宝。一是金钱，二是人力资源管理。”核心人才为企业创造的效益，远远高于普通员工，根据按劳分配原则，他们的所得也应远远高于社会平均薪酬。因此,核心人才的薪酬应随行就市,确保其薪酬与其创造的价值相对应，甚至不能低于意欲挖角的竞争对手的出价。支付具有绝对竞争力的薪酬，是留住核心人才的第一招数。

除了以高薪来留住核心人才这个方法之外，对企业而言，为核心人才提供必要的培训也是必需的。对于核心人才来说，要维持、拓展自己的工作业绩，保持长久的竞争力，必须不间断地“充电”。给予核心人才持续不断的充电机会，可以培育他们的忠诚度，同时也为核心人才跳槽设置了较高的机会成本，更为企业的可持续发展奠定了基础。

核心人才一般都具有很强的自主性，工作中他们习惯于自我引导，而不愿意过多地受制于他人。核心人才具有过人才干，他们也有能力作出正确的决策。因此，给予核心人才一定的经费、人员、资源的支配权，让他们参与企业决策，为他们搭建一个宽广的平台，有助于提升他们的忠诚度和工作热情。

此外，提高核心人才的忠诚度，培养和谐宽松的人文环境也很重要。企业管理要提高亲和力，在布置任务时，切忌生硬下命令；人力资源部做好协调沟通工作，建立良好的人际关系，通过谈心等方式将管理的触角延伸到员工的生活领域。避免核心人才之间的过度竞争。适度竞争很有必要，但要控制好竞争的度，防止核心人才间的内耗，出现“一山不容二虎”的局面;倡导核心人才之间的尊敬、团结与协作。

亲密无间的交流与沟通对于企业提高核心人才的忠诚度具有重要意义。沟通能对核心人才起到激励作用，管理层通过对核心人才的工作及时作出反馈，可以引导其积极行为，起到强化激励的作用。通过交流与沟通向员工传递企业的远大战略和宏伟目标，有利于增强核心人才的主人翁意识，促使核心人才畅所欲言，提出工作意见，并努力工作，不断创造新的业绩，促进企业的改革与发展。

领导智慧

运用你所能施展的一切手段，来留住公司的核心人才，因为他们是一个企业成功的关键。

集属下之长，补自己之短

作为企业的管理者，一定要善于发现和挖掘属下的才能，将其优秀的一面加以发挥。当你发现属下似乎都是一群平庸之辈时，一定要警惕，因为此时你可能对人才的理解出现了偏差。真正尽善尽美的人才是不存在的，你需要做的是发现属下的长处，集合众人的长处来弥补自己的短处。现代化管理学主张对人实行功能分析，这里所说的“能”，是指一个人能力的强弱、长短处的综合；这里所说的“功”，就是看这些能力是否可转化为工作成果。

在现实的工作中，我们宁愿使用有缺点的能人，也不重用那些没有缺点的平庸的“完人”。其原因在于用人不同于治病，医生在给病人治病时应当挑出病人的病症所在，即专挑病人的缺点；用人则恰恰相反，首先应该寻找他人的长处，看他适宜干什么，然后再进行分工。对于一个成功的经营管理者来说，要勇于和善于借助外部之力，通过结合众人的优点，使他们发挥各自的智慧和能力，更好地替自己完成工作。

领导智慧……………………………………………………………………

寸有所长，尺有所短，每一个人都是优缺点并存的。在任用人才时一定要尽量发挥其长处以补自己的短处。

一个坑一个萝卜，而不是一个萝卜一个坑

因人设事的管理方法往往会形成以下几个弊端：应该办的事找不到合适的人；一部分多余的人在干着多余的事；无用之才出不去，有用之才进不来；机构臃肿、人浮于事、内耗太大、效率降低；等等。这种种弊端最终的结果是企业不能实现既定的管理目标，给公司造成不必要的损失。

鉴于此，领导者应该改变这种“一个萝卜一个坑”的思想，运用因事用人的方法来对各类人才实行有效的管理。因事用人的方法，是同因人设事完全相反的一条用人法则。它是指在用人时，依据管

理活动的需要，有什么事要办，就用什么人；而不是手头有什么人，就去办什么事。无数的实践已经向我们证明，因事用人的方法能够俭省地利用人才资源，尽量避免不必要的人才浪费。

我们从事一切领导活动的根本目的，就在于实现预定的管理目标，把事情办好。为此，如何用人就显得非常重要。但同时我们也应看到，用人仅仅是一种手段，绝不是从事领导活动的根本目的。

领导智慧

因事用人谋略，是领导者必须认真研究、灵活运用的一条十分重要的用人谋略。只有做到这一点才能最大化地利用人才资源，避免不必要的人才浪费。

宁用愚人，不用小人

每一个领导者在选拔人才、任用人才时，都希望自己所选择的人是德才兼备之人。但在现实中，鱼和熊掌往往不能兼得，此时，领导者应该作出什么样的选择才是最明智的呢？对此，宋代的司马光有一个比较合理的观点：宁用愚人，不用小人。

司马光认为，德才兼备的人可以称为圣人，无德无才的人称之为愚人，德胜过才称之为君子，才胜过德称之为小人。在挑选人才时，如果找不到圣人、君子来辅助自己，就应该退而求其次，宁可选择无才无德的愚人也不选择那些才胜过德的小人。究其原因在于，君子利用才干来做善事，而小人则利用才干来做恶事。利用才干做善事，能无善不为；而凭借才干作恶，则无恶不作。愚人即使想作恶，因为没有那个能力所以也不会形成威胁。与此相反，小人的心机足以使他的阴谋得逞，他的力量又足以施展他的暴虐，简直就是如虎添翼，危害无穷。

为什么道德要重于才干呢？有人做过这样一个非常生动的比喻："德"就像方向盘，"才"则犹如发动机。没有道德的人才，就像失去了方向盘的汽车，会误入歧途，而发动机马力越大，他的危害也会更大。在中国的历史上，有许许多多的帝王或领导者都是毁在这种有"才"而无"德"的小人手里的。

领导智慧

作为一个管理者，用人时一定要慎之又慎。当一个人的"德"与"才"不成正比的时候，权衡利害，宁用愚人，也不用小人。

创造价值的能力是最重要的胜任指标

是否胜任，主要体现在价值创造上。能够胜任岗位的人，就是最适合的人，对企业而言，这种人即是人才。能够胜任岗位的人，不仅能够卓有成效地解决工作中出现的问题，具有前瞻性地清除未来风险，还能最大限度地实现岗位效益，为公司创造较大价值。

以价值创造能力来评价胜任度，是符合经济学规则的。工作就是生产，从经济学角度来讲，生产的含义是十分广泛的，它不仅仅意味着制造了一台机器或生产出一些钢材等，它还包含了各种各样的经济活动。如律师为他人打官司，商场的经营，医生为病人看病，等等。这些活动都涉及为某个人或经济实体提供产品或服务。因此，简单讲，任何创造价值的活动都是生产，工作就是创造价值的活动。

工作创造的价值不仅相对于人类，对社会发展有益，更现实地讲，个人因为工作创造的价值或者经济效益对自己本身更有益。这是一个很浅显的道理：管理者从个人创造的效益中获得利润，并为员工的劳动支付报酬；员工因为获得报酬而使自己的钱包鼓起来，从而过着幸福的生活。

领导智慧……………………………………………………………

一个人如果能在他所工作的岗位上为企业创造最多的价值，那么他就是最适合这个岗位的。

高薪能激发员工的工作热情

史玉柱是我国商界的传奇人物，他曾经创立了巨人集团，公司破产之后又在全国掀起了脑白金热潮。2007 年，史玉柱开始进军网络市场，巨人网络一挂牌上市，开盘价就高达 18.25 美元，超过发行价 17.7%。

在创造了一个又一个的神话之后，人们开始探究是什么让他能够置之死地而后生。其实他之所以能够一次次地从失败中重新站起来，靠的就是一群充满工作热情的员工。那么史玉柱是如何让员工保持这么高的工作热情的呢？方法很简单，利用高薪激发员工的工作热情。

巨人前副总王建回忆说："20 世纪 90 年代中期，脑白金战役第一阶段考核结束后，按照制度规定，对完成任务的经理兑现奖金，其中江苏和浙江分公司的两名经理个人奖金累积 40 万元，相当于当时广东市场一个月的回款。在集团办公会议上，面对奖金问题谁也不作声了，因为财务干脆把问题捅开了，若干个分公司存在回款作假，财务认为不能这么快发奖金。"

史玉柱被这种局面难倒了，非常尴尬。在士气与议论之间，在榜样与制度之间，他必须作出决定。最后，他还是力排众议，发奖金。当财务怀抱沉甸甸的现金进入表彰大会现场时，会议已经结束了，全体员工都在等，连保安都擅自离岗拥至会场。财务一出现，史玉柱就说，你们看，财务都抱不动了，全场的目光由主席台转向财务身上，先是寂静，继而是雷鸣般的掌声。

这样的激励方式，对员工的刺激相当大。在脑白金时期，员工们疯狂地工作、加班，史玉柱经常会在员工加班的时候动不动就发上几千元的奖金，让员工惊喜不已。

此外，在脑白金时期，史玉柱在员工待遇方面的做法是：重点技术人员不受公司级别制度限制，只要技术能力强，就不怕付出高额报酬。后来，做网游时，史玉柱将这套模式运用到了游戏团队中，他说：“游戏团队的薪水我不管，由管理层定，工资是一事一议，开多少钱评估一下，值得就给，不受任何等级限制。”

巨人网络上市后，史玉柱在接受媒体采访时说：“刚做这家公司的时候，同行对我们都看不起，到现在，我们已经成为这个行业内市值最大的公司了，大家精神上非常开心，然后待遇上，我们给所有的骨干、所有的研发人员发了期权，上市后他们马上就可以衡量出来他们期权的价值，我们现在一下子诞生了 21 个亿万富翁，还有近 200 个百万以上的富翁，大家可以改善自己的生活。”

从史玉柱的做法中可以看出，将薪酬奖励与内在激励机制良好地结合起来，就会为企业带来更好的效益。尽管薪酬并非激励员工的唯一手段，也不是最好的方法，但它却是一个非常重要、最容易被运用的手段。相对于内在激励，企业管理者更容易运用薪酬激励的方法，而且也较容易衡量其使用效果。

领导智慧

高薪最能激发员工的工作热情，也是企业成本最低的一种方式，但应该谨记金钱不是万能的。

人岗不匹配是人才资源的浪费

关于人岗的匹配，管理界有个耳熟能详的故事：所有人都说千里马是马中极品，有一个农夫于是就花了几年积蓄在市场上买了一匹千里马，回到家中后却发现实在没有什么大事需要千里马去完成，便让它和一头驴子一起拉磨。千里马被囚禁在磨坊里拉磨，传出去很丢千里马一族的脸面，于是每次拉磨时千里马总是很不老实地折腾一番。农夫很生气，就用鞭子使劲抽打它，没过几日，千里马生生被打死了。有了这次经验，农夫再也不买千里马了，为了和驴子搭配，他就又买回了一匹骡子。骡子和驴子很和谐，干起活来搭配得很好，磨坊的效率很高。

有一天，农夫得了急病，需立即送到城里救治。家人拉出了骡子，骡子在磨坊里磨叽惯了，任凭农夫的家人使劲抽打它，它始终跑不快。抽打得急了，骡子就更加放慢了速度，最后索性在原地转起圈来了。家人无奈，只好迁就着骡子，晃晃悠悠地赶往城里。因此延误了治疗，农夫落下了后遗症。回来后，农夫一怒之下宰掉了骡子。

看完了这个故事，大家就会明白:农夫其实相当于企业的总经理，千里马、骡子、驴子是企业的员工。这里面，千里马最优秀，但是因为被放置在不合适的工作环境里，活活被折磨死。骡子本来也是很优秀的人才，和驴子搭配起来，能够为企业产生很高的经济效益。

但是，却被抽调出拉马车，这本是千里马的长项——结果，骡子也死在它不适合的岗位上。

从这个故事我们可以得出这样的一个经验，企业在用人的时候不仅要学会识马，选合适的人才进公司效力，更要把优秀的人才放到合适的岗位上，发挥他应有的作用。不要“大材小用”，也不要“小材大用”，要量才而用。匹配才能使人才发挥最大价值，为企业创造更多绩效。

领导智慧

一个有才能的人如果被安排在一个不能发挥其才能的岗位上，就好比用千里马来拉磨，是对人才的一大浪费。

第三章

无威难驭下

时刻让人知道你是“有身份”的人

“身份”是一个很奇怪的东西，看不见摸不着，但能够被真真切切地感受到。成功的领导者和员工待在同一间办公室里，即使衣着差不多，别人也能一眼看出来谁是员工，谁是领导。领导的身份不是靠权力和制度来划定的，而是日常工作中有意“经营”出来的。领导要适当表现自己的“身份”。如果不能表现出这一点，那么这个领导者就是不合格的。

在生意场上混的人要有意做一些看似絮烦的事情，比如，时不时在高尔夫球场露露脸，请业务伙伴到高档酒店吃燕窝鱼翅，请记者和官员到歌厅唱歌，偶尔出国度假也要把消息“悄悄地”传给他人。有些消费并不一定是他们真正需要的，但这样做可以坚定下属乃至合作者的信心，并消除外界的怀疑。一旦一个人长期低调、谨慎，就会有内部外部的人猜测，他是不是职位不保、面临调整？从这个意义上来讲，领导讲身份和大牌明星讲排场，都是同一个目的。

为了显示身份，领导还要注意自己的讲话方式。一般来说，在办公室里跟员工讲话，要亲切自然，不能让员工过于紧张，以利于对方更好地领会自己的意图。但是在公开场合讲话，比如在公司大会演讲，做报告，就要威严有力，有震慑效果。

如果遇到员工意见与自己意见相左的情况，可以明确给予否定。如果员工的意见确实对公司、对自己有利的，也不要急于发表看法，可以先说“让我仔细考虑一下”或“容我们研究、商量一下”。领导可以利用时间从容仔细地考虑是取是舍，提出意见的员工也不会沾沾自喜，而会愈加谨慎。这样做在无形中增加了领导的权威，比草率决定要好得多。

除了注意言语，行为更加重要。领导的权威身份，一般都是由适合的行为动作表现出来的。聪明的领导者切不可在员工面前举止失度，行为轻佻。

你如果在单位内部获得了提升，就会发现原来平级的同事对自己的新身份表现得满不在乎，甚至不服气。如何突破这一考验呢？不可以摆架子，那样就容易把自己孤立起来。但可以有意拉开距离，不再一起吃吃喝喝、随意聊天，也可以在人事上进行一些调整，杀一杀不服之人的傲气。只有这样，才能让他们意识到谁才是领导。

领导者对自己的身份还有另一个担心：消磨日久，他人对领导的身份感觉变得麻木。因此，领导者也要经常显出自己的身份。

领导智慧

成为一个有心经营自己“身份”人，培养自己的领导修养和素质，让人一眼便能感受身为管理者的标签。

要有鲜明的立场，不可迁就大多数

某厂有个工人偷窃了厂里的线缆，偷得虽然不多，但性质很严重。厂长准备对此事严肃处理。可是不巧的是，这个人在厂里平时人缘不错,上上下下都多少有些交情。于是很多人给他求情。有人说:“念他初犯，先饶过这一次吧。”有人说 :“数额又不多，也没给厂里带来多大损失，干嘛这么严肃？”最理直气壮的一种说法是 :“你看，我们这么多人都来给他求情。少数服从多数，厂长也该听听我们的意见。”

厂长义正词严地回答说 :“什么少数服从多数？厂规是厂里最大多数的人通过的,要服从,就服从这个多数。”最后,在厂长的坚持下，这个人受到了严肃处理。

这件事发生后的一段时间内，厂长好像有点孤立，但时间一长，理解和赞同他的人便越来越多，而偷盗厂内财物的情况也从此大为减少了。

领导一定要有鲜明的立场,不可盲从多数。虽说“少数服从多数”是一句人人惯说的口头禅，但还有一句话说的是“真理往往掌握在少数人手里”。不要认为只有照多数人的意见办事，才能和平地收拾局面，才不会把事情搞僵。最重要的是对真理的判断，而不是对人数的判断。有些居心叵测的人很善于忽悠群众，以“多数”作后盾而提出无理要求，这样的“多数”就无须服从。

更重要的是，如果领导一味服从多数，而无自己的立场和见解，威信就无法建立。人们会想，既然总是少数服从多数，每次直接投票得了，要领导干吗？

领导智慧

在处理公司事务中，身为领导者要有鲜明的立场和坚定的原则，不可因为多数人同意就盲从，要有自我判断和决策的能力。

谨言慎行，说一不二

树立威信的第一要素就是“严”。严就是严格要求，但是严格要求他人的前提是严格要求自己。管理者对自己要求要严，凡事要从我做起。管理者发出的指令能否得到最有效的施行，直接关系到管理者权力的影响度、威信的分量。因此，管理者发号施令要做到说一不二、言出必行。

1. 谨言慎行

圣人举步，众目睽睽。地位和知名度很高的人，他们的一举一动，必有相当多的人注目而视。此谓“船摇一尺，桅摆一丈”。因此，具有高度社会地位的人，应该对自己的言行抱着戒惧、审慎的态度，才能名副金口玉言之实。

“一言既出，驷马难追。”圣人接触别人，小心言行，不为防人，只为防口。人之口舌软而无规,人与人之间,舌之作用可当得半个人。身处高位的人，一咳嗽一眨眼都会引起众人注意，当年美国前总统布什访日，于席间昏倒，立刻影响到华尔街股市价格。鉴于此，管理者修正自己的言行非常必要，那些轻视这个道理与原则的人，必定会不时引起群体舆论的攻击,因而遭受困扰。因为,地位愈高的人，他们在外的名声愈是属于整个社会。

循着尊重别人，戒言慎行的原则，一片赞誉定然是伴随着你的。反之，则说不定。越是声望高时，越应该谦虚地审度自己的言行。否则，声望也有可能走向反面，正所谓不积小善，无以成名；不积大恶，不会有灾；小恶多积，恶掩善言。

2. 说一不二

王命不能轻易下达，既然说了就需要有人不折不扣地执行，说了就不可轻易变更。一旦改变了，再去执行当然不好办。

君子一言，驷马难追，王者发令，重于泰山。说到做到，是树立权威的妙法，所谓信义不过如此。

领导智慧……………………………………………………………………

管理者事无巨细皆要做到“言必行，行必果”，在严于律人的同时也要严于律己。

小事也要严格要求

作为管理者，能够发号施令使下属依己之意行事，而下属也是言听计从，这当然是一件好事，但能够立权树威却不是一件简单的事情，只有从小事做起，在管理工作中注意细微小事，点点滴滴地树立自己的威信。

下命令是自由的，被命令的人可就没那么自由了。要求下属必须遵从，就必须具有足以让下属心服口服的理由才行，这样的威信只有靠平时一点一滴才能树立起来。

经过一番奋斗，你终于脱颖而出，觉得“自己总算苦尽甘来”，同事和上司认同你的能力，对此应该有个正确的认识，要做到以威信服人，而不能以权压人。

假若你的能力与职位存在差异，无法完成基本任务，就应该坦白相告，如果说些丧气话或埋怨组织，则不可能树立威信，长此以往，只能因令人无法忍受而被弃用。当然，如果这只是一时的情绪，还是可以原谅的。平时不妨试着愉快地抿嘴唇，尽量放松心情，千万不可一上任便威风八面，这样不但不能立权树威，反而会逐渐丧失人心，失去支持，成为孤家寡人。

作为一个管理者，虽然常有泰山压顶之事，你也要做到不慌不忙从容处置。你的坦然，本身也可以产生一种威权。

领导智慧 ……………………………………………………………………

立权树威绝不是一件简单的小事，在管理工作中要从细微入手，点点滴滴地树立自己的威信。

与下属保持适当距离

管理者与下属保持距离，具有许多独到的驾驭功能：可以避免下属之间的嫉妒和紧张，减少下属对自己的恭维、奉承、送礼、行贿等行为，可避免对自己所喜欢的下属的认识偏颇，“近则庸，疏则威”。作为一名管理者，要善于把握与下属之间的远近亲疏，使自己的主管职能得以充分发挥。

有些管理者想把所有的下属团结成一家人似的，这个想法是不可能的，如果你现在正在做这方面的努力，劝你还是赶快放弃。事实上，与下属建立过于亲近的关系，并不利于你的工作，反而会带来许多不易解决的难题。如在你作出某项决定要通过下属贯彻执行时，恰巧这个下属与你平常交情甚笃，你的决定恰巧与他有关，为了支持你的工作，他放弃自己暂时的利益去执行你的决定，这自然是最好不过的。但是，如果他是一个不晓事理的人，就会找上门来，依靠他与你之间的关系，请求你收回成命，这无疑是给你出了一个大难题。收回成命必然会受到他人非议。不收回，就会使你与这位下属的关系恶化，他也许会说你是一个太不讲情面的人，从而远离你。所以，请你记住这句忠告："城隍爷不跟小鬼称兄弟。"

领导智慧

管理者应适当控制与部属之间的距离，不可过分疏远，忽视了员工的能动性，也不应过分亲密，影响了自身的决策。

带头做出业绩，权威水到渠成

管理者表现自己的权威的一个重要方面就是做出更大的业绩，用业绩说话，以业绩来树权立威。我们平常所说的"是骡子是马牵出来遛遛"就是这个道理，只要有真才实学，只要有能力做出真成绩，何愁没有权威呢？

某公司经理上任伊始，一改前任领导人做事拖泥带水的风格，决心整顿公司内部的陈务，并且制定出相应的对策，首先自己带头遵守公司的新规章，但效果并不理想。经过了解，才知公司员工对他有一种观察态度，不太信任他的能力和专业水平。

鉴于此，该经理决定亲临第一线，与销售人员一道奋战。一个月后，公司业务量大增，效益也大为改观，员工内部赞叹声一片，从此大家也以该经理为榜样，勇于承担责任，积极主动干活，公司发展前景一片光明。

这就是典型的以业绩树立权威的例子。但同时也有一些管理者，由于缺乏工作经验和领导能力，上任后被一些琐碎的具体工作所淹没，被一些复杂的人际关系所缠绕，被一些细小的工作耗费了大部分精力，而使全局的工作失去平衡，更不能在业绩方面使员工信服，时间一长，没有了权威，弄得自己十分尴尬。

管理者应该严格要求自己，多吃一点苦，为下属多负担一点工作，做出一些举措来给大家看看，只要用自己的行动干出实行业绩，下属自然会心服口服。俗话说，群众的眼睛是雪亮的。下属最讨厌的就是光说不练，只要管理者注意从实际业绩方面多做一些，给下属做个榜样，权威自然会有。

领导智慧……………………………………………………………

“是骡子是马牵出来遛遛”，只要有一定的能力做出真成绩，权威自然水到渠成。

轻诺者寡信

“取信于民”是每个管理者开展工作的基石，如果得不到下属的信赖，天长日久，管理者的威信就会一落千丈，其领导地位就会失去基础。

古人云，“一言既出，驷马难追”；“言必行，行必果”。这是做人的学问，也是管理者处理好人际关系树立自己威信的准则。

不少管理者所做的最糟糕的一件事就是爱许诺，可他们却又偏偏不珍惜这一诺千金的价值，在听觉与视觉上满足了下属的希望之后，又留给了人们漫长的等待。

诺言最能激发人们的热情。试想在你头脑兴奋的状态下，许下了一个同样令人兴奋的诺言：若超额完成任务，大家月底将能够拿到 40% 的分红。这是怎样的一则消息啊。情绪高亢的人们无暇顾忌它的真实性，想象力已穿过时空的隧道进入了月底分红的那一幕。

接下来人们便数着指头算日子，将你的许诺化为精神的支柱投入到辛勤工作之中去了。到了月底，人们关注的焦点还能是什么呢？而你此时最希望的恐怕就是有一场突如其来的大运动，将人们的注意力统统引向另一个震荡人心的事件，最好是大家就此得了失忆症，在见到你时，问你的都是“我是谁？”这样的问题。

难以实现的诺言比谣言更可怕。虽然，谣言会闹得满城风雨、沸沸扬扬，但人们不久就会明白事实的真相，但未兑现的承诺骗取的是人们真心的付出。就如你让一个天真的孩子替你跑腿送一份急件，当孩子跑回来索要你的奖赏时，你却溜之大吉，那孩子可能会由此而学会了收取定金的本领。一旦下属有了这样的心态，那管理者在组织中就是一个彻底的失败者，权威没有了，难得的信任也消失了，哪里还有威信可言？

须知，管理者的命令不是圣旨，但其承诺却有着沉甸甸的分量。对于不能实现的诺言，最好今天就让下属失望，也不要等到骗取了下属的积极性后的明天让他们更失望。

当然，这里要宣扬的是许下诺言并勇于兑现诺言的守信作风。想想田间耕耘的老农，他从绿油油的庄稼看到了来年收成的希望。许诺也会让下属感觉到将要收获的是一个沉甸甸的未来。诺言的兑现让所有等待了许久的人有一种心满意足的喜悦，更坚定了他们“未来就在自己手中”的信念。那样，管理者将成为众人关注的热点，伸向管理者的不再是讨要报偿的大手，而是热情的、助其成就事业的有力臂膀。

领导智慧

人都应该言出必行才有威信，领导者更应该金口玉言、一诺千金，才得以彰显自身的人格魅力，也才能得到员工的充分支持和信赖。

利用情感树威信

在人际交往中，感情是必不可少的因素。感情是相互间建立良好关系的润滑剂，聪明的管理者都十分注重感情投资。

对于感情投资，必须有一个正确的认识。应该是自觉地、一贯地，不能只做表面文章，保持三分钟热度。以情动人贵在真诚持久。“路遥知马力，日久见人心”，大多的感情投资需要较长的时间才能结出果实，因为人与人之间的理解与信赖需要一个过程。

感情投资不讲究一日之功。如果管理者能长期注重感情投资，对管理将会大有裨益。

感情作为联系人际关系不可缺少的纽带，存在于管理者与下属之间,这种感情是互相影响的。想得到下属的理解、尊重、信任和支持，首先应先懂得怎样理解、信任、关心和爱护他们。有投入才会有产出，有耕耘才会有收获，不行春风，哪得春雨？所以，作为一名管理者，一定要高度重视对下属以心换心，以情动情。

与下属以心换心、以情动情之所以必要，是因为人人都有这种需要。马斯洛的“需求层次说”认为：凡是人都希望别人尊敬和重视自己，关心体贴自己，理解信任自己。这种需要，是属于心理上和精神上的，是比生理和物质上的更高级的需要。物质只能给人以饱暖，精神才能给人以力量。“士为知己者死”，如果管理者能够对下属平等相待，以诚相见，感情相通，心心相印，从思想上理解他们，从生活上关心和爱护他们，在工作上信任支持他们，使他们的精神得到满足，他们就会焕发出高昂的热情，奉献出无私的力量，就会把工作做得更好。

许多古代政治家都善于以心换心,以情动情。刘邦的“信而爱人”，唐太宗的“以诚信天下”，都是颇为动人的领导行为。每个人都需要别人特别是管理者的同情、尊重、理解和信任。如果管理者能够注意这一点，并身体力行，那么组织就会出现和谐、融洽的气氛，内耗就会减少，凝聚力和向心力就会大大增强。

因此，在现实的公司管理工作中，上司应该感情投资，知晓人情也是自己雄厚的资本。

领导智慧 ………………………………………………………………

领导者对员工的感情投资是十分必要的，许多时候，“动之以情”的将心比心相对于三令五申来说，效果更为显著。

积极挖掘下属的闪光点

不是每个下属在工作和业务中都会有显著的成绩，许多人表现甚至很平庸。事实上，在任何一个单位中，真正出类拔萃的员工只是少数，而大部分都处于一种中间状态。那么怎样对待这些表现一般的下属呢?

这些下属虽然表现一般，但并非说明他们没有能力，有些是很不错的，只不过他们的能力还没有被激发出来，而且，他们也更需要管理者的关注和激励。这就要求管理者要有挖掘这些一般下属优点的眼光，如果管理者能够在日常的工作事务中发掘出他们的优点并予以哪怕是口头的表扬,就可能改变很多人,大大激发他们的潜能。

譬如，小王是广州一家公司的技术员，由于刚从高校毕业，对实际工程操作还不顺手，在第一年中几乎没有任何可圈可点的表现，他自己也灰心丧气。但是这家公司的老板却发现小王有一个可贵的优点，就是理论基础扎实，于是老板不仅私下里找小王谈心，表扬他这个优点，并把他安排到车间里进行锻炼。结果一年以后，小王凭他深厚的理论功底再加上实践经验，设计出了一种新颖的操作流程，为该公司带来了大笔利润。

即使下属没有潜在的才能，但只要他诚诚恳恳、兢兢业业，就值得赞扬。某单位的一个清洁工，本来是一个最被人忽视、最被人看不起的角色，但就是这样一个人，却在一天晚上单位保险柜被窃时，与小偷进行了殊死搏斗。

事后，有人为他请功并问他的动机时，答案却出人意料。他说，当公司的总经理从他身边经过时，总会不时地赞扬他“你扫的地真干净”。你看，就这么一句简简单单的话，就使这个员工受到了感动，也正合了中国的一句老话“士为知己者死”。

年利润高达6亿美元的美国玛丽·凯化妆品公司经理说，有两件东西比金钱更为重要——认可和赞美。

的确，金钱在调动下属们的积极性方面不是万能的，而赞美却恰好可以弥补它的不足，而且在这方面表现得更为有力。因为生活中的每一个人，包括你的下属们都是有自尊心和荣誉感的人。你对他真诚的表扬与称赞，就是对他价值的最好承认和重视。而能真诚赞美下属的管理者，能使员工们的精神需求得到满足，因此更容易得到他们的拥护，缩短了他们与管理者之间的心理距离。

领导智慧……………………………………………………

要想充分调动下属员工的工作热忱和积极性，需要用真诚的赞美去唤起员工的自觉意识。

让自己保持“竞技状态”

一般地说，下属对新任的管理者或新进人员对自己的管理者总是十分注意的。管理者的一言一行，都会给大家留下难以忘却的印象。这“第一印象”如何，对管理者以后的工作会产生长久的影响。所以，管理者在此时一定要给大家留下一个良好的印象。上任时要充满信心地去上任，千万不能有怯阵的表现，要像发起冲锋前的战士那样，满怀必胜的信念去迎接战斗，在下属面前树立起一个精力充沛、开朗乐观、勇往直前的形象。

这种精神状态不仅是开创新局面所必需，而且对所有成员都有极大的影响。所以，管理者一定要使自己处于良好的“竞技状态”，杜绝任何犹豫和胆怯。要精神饱满、斗志旺盛、勇敢坚定，以义无反顾、所向披靡的冲击力，信心百倍地前进。没有这样一种良好的精神状态，什么事情也做不好。

管理者在塑造自我形象时，要避免走入误区。一个出色的管理者必然会有其过人之处，但这种过人之处只可能集中在某些侧面上。有人认为管理者为树立权威就要时时处处显得比下属高明。其实，这毫无必要。

某厂长一次下车间巡视，指出一车工技术粗糙，该员工微有不服之态。此厂长二话不说，换上工作服，上车床操演起来，果然又快又好。一时围观者为之叹服。如果事情到此为止，那么不失为以行动树立威信的范例。错就错在该厂长以下的言行。大概得意忘形，该厂长竟一拍胸脯言道："技术不比你强，我敢做这个厂长吗？这不是吹牛，无论车钳铆焊，只要有谁的技术比我好，我马上拱手让位。"此君把威信理解为轻狂了。这种狂傲反倒是给人一种极端不自信的感觉，显然，此君并没有对自己作为一厂之长的工作性质和存在价值有一个清楚自信的认识，他把自己降为一个和员工比技术的角色。据说，后来真有一好事青工要和此君比试焊接，该厂长自知失言，并未应战。此事在当地企业界传为笑谈。

以清高的方式来表现"威信"，不但不利于树立权威，而且可能拉大管理者与下属的距离，增加隔阂，其所要塑造的威信也会大打折扣。因而一个管理者勿以清高为威信，走入"威信"误区。

领导智慧

在公司企业里，要保持昂扬的斗志，充满干劲和信心，树立良好的形象。

关键问题要抓准

管理人员的任务是协调人、账、物流，保证其畅通无阻，所以管理人员应当懂得"提纲挈领"的艺术，不能够"胡子眉毛一把抓"。

抓住关键的前提是领导对工作流程的熟悉和对员工情况的了解。对于员工在工作中出现的问题和困难，首先分出轻重缓急，重要的优先解决，以不影响生产的大局为准，次要的也要考虑其可能引发的其他问题，找到预防解决的办法。对关键环节要给予足够的重视，组织员工进行重点的维护，保证整个流程不出现“瓶颈”现象。

员工中总会有几个人起到主心骨的作用，他们能够及时表达大多数员工的心愿。作为领导者，应当首先清楚员工的个性特点，对语言具有号召性、敢说敢做的下属给予特别的注意，因为他们往往是人员管理的关键人物。聪明的管理人员会在这些关键人物身上多花费一定的时间，让他们明白自己的管理理念，依靠他们的号召力去做宣传，使之深入人心，从而节省管理者不少的气力和时间，提高管理效率。对于员工而言，管理者直接的说教会让人觉得反感，而自己群体中一员的宣传，会更容易让人接受。

所谓“擒贼先擒王”，对付员工中的小派别的方法，也是抓住这些关键人物，逐一击破，就不用再担心派系中的小士卒了。

当下属犯了错误，批评和惩罚下属时也要直接干脆、直刺痛处，争取一针见血。有时某人总是犯同样的错误,或者代表一类人的错误，这时的惩罚一定要选择时机，待其犯错最典型、最显而易见、最有危害性时方下手。切忌无事生非，不明事实；也切忌小题大做，要做到使受罚人口服心服，才会真正让众人引以为戒。

领导智慧

“擒贼先擒王”，只要摆平员工中有影响力、号召力的关键人物，逐一击破，就不用再担心其他人了。

话里有话显身份

有权力意识的人最终会建立起自己的权威。只有树立起自己在下属中的权威，才能达到控制下属的目的，因为有权威才会有敬畏和服从。在言语中端点架子是树立权威的一种方法。不露痕迹地击败对方的一个好方法是装作对他们的要求无能为力，这种阻碍性的无能为力亦可造成一种“有权力”的印象。

“我无权去……”“这样做对我来说是不负责任的”“我觉得这样做不恰当”，这三句话分别给人以权威、责任和正派的印象，进一步说，这样的说法也不大可能受到挑战。

当然，你大可不必用充满敌意的态度说明自己的原则，应该表现出你的遗憾，必要时甚至可以辅之以同情的泪水。

下面几句话既可以表现你的同情，又不失办事原则：

“就我个人而言，我很同情你，但你是知道那些规定的……”

“我真希望我能帮你……”

“我已绞尽脑汁，可是实在是无计可施……”

“你也知道这方面的规定非常严……”

“很不巧，我们没有这方面的规定……”

“真不好意思，我办不到……”

这些语言技巧的优点在于对所有的人都适用，即使是最低级的下属也可以给对方留下一个有权力的印象。

领导智慧……………………………………………………………………

展示自己权威时并不一定要横眉冷目地坚定原则，偶尔佯装无能为力也是上层人士的管理之道。

有权威才会有服从

某公司的部门经理借用公司的车去参加一次会议。他在开会的时候，停在外面的车因阻碍交通遭警察扣留，这位经理吓呆了，因为他知道车第二天还要用，这时只有行政部领导有权签发取回车子所需的罚款。

行政部领导原本只要立即签一张小小的现金收据就行了，但他想借此机会显示他的权威，让秘书假称他正在开一个重要会议，不便受到打扰。那位部门经理别无选择，只得等待。所谓的“会议”结束了，行政部领导并没有马上办理，而是质问了部门经理半天才同意签字。

这次权威的使用使部门经理的态度发生了变化，经理不再像从前那么盛气凌人了。

这则故事的寓意是：当他们需要你的时候，他们已别无选择。

任何你有权说“是”或“不是”的机会都是你展示权威的时机,这时,你不妨摆摆架子，借此树立起自己的权威。

提起上司、领导，多数人的感觉是“架子大”“官气十足”。而且人们总是习惯用“架子大”来形容某些上司脱离群众、目中无人。但是,“架子”绝不仅仅是一个消极、负面的东西，还有着它积极而微妙的意义，成为许多上司管理下属的一种十分有效的方法。

“架子”其实可以理解为一种“距离感”。许多上司正是通过有意识地保持与下属的距离，使下属认识到权力等级的存在，感受到上司的支配力和权威。而这种权威对于上司巩固自己的地位、推行自己的政策和主张是绝对必需的。如果上司过分随和，不注意树立对下属的权威，下属很可能就会因为轻慢老板的权威而怠惰、拖延甚至是故意进行破坏。所以，上司通过“架子”来显示自己的权力，进而有效地行使权力是无可非议的，对于上司很好地履行自己的职责也是十分必要的。

领导通过“端架子”，可以使自己显得比较神秘。因为领导处于各种利益、各种矛盾的焦点上，若想实现自己的目的，就必须懂得掩藏自己，使自己的心机不被窥破。如果下属很容易就揣摸到上司的心理，他就很可能利用此来达到自己的某种目的，从而危及或破坏上司意图的实现。而不暴露自己的最好办法，莫过于增加与下属的距离，减少接触，使自己保持一种神秘莫测的状态。

许多上司最头痛的便是事无巨细都要亲自处理，而更希望的则是自己抽出时间和精力来处理大事。而随和的言行会使下属产生一种错觉：这个上司好说话，是不是让他解决一下我的问题……这样，势必会使许多下属抱着侥幸的心理来请求上司的亲自批示，而一旦不能满足又会心生怨恨。因此，用这种“轻易不可接近”的“架子”可以逃避细小琐事的烦扰，把更多的脑力用于谋划大事上。

领导智慧

有时“端架子”并不一定是坏事。一方面是一定的权威，不管它是怎么形成的，一方面是一定的服从，这两者都是我们所必须的。

赏罚分明，方显公平

奖赏是正面强化手段，即对某种行为给予肯定，使之得到巩固和保持；而惩罚则是属于反面进行强化，即对某种行为给予否定，使之逐渐减退。这两种方法，都是领导者驾驭下属时不可或缺的，二者相辅相成，相得益彰。

但具体运用时，领导者又须掌握两者不同的特点，适当加以运用。

一般说来，正面强化立足于正向引导，使人自觉地去行动，优越性更多些，应该多用。而反面强化，由于通过威胁恐吓方式进行，容易造成对立情绪，要慎用，可将其作为一种补充手段，但是这种手段也不能被剥离出去。

强化激励，可以获得领导者所希望的行为。但并非任何一种强化激励都能收到理想效果，从时间上来说，如果一种行为和对这种行为的激励之间间隔时间过长，就不能收到好的激励作用，因此要做到“赏不过时”。

对于违反规章制度的行为进行惩罚，也是非常必要的，必须照章办事，该罚一定要罚，该罚多少就罚多少，来不得半点仁慈和宽厚。这是树立领导者权威的必要手段，西方管理学家将这种惩罚原则称之为“热炉法则”，十分形象地揭示出了其内涵。

“热炉法则”认为，当下属在工作中违反了规章制度，就像用手去碰触一个烧红的火炉，一定要让他受到“烫”的处罚。这种处罚的特点在于：

——即时性。一碰到火炉时，立即就会被烫。

——预先示警性。火炉是烧红了摆在那里的，你知道碰触就会被烫。

——适用于任何人。火炉对人不分贵贱亲疏，一律平等。

——彻底贯彻性。火炉对人绝对“说到做到”，绝不是儿戏，吓唬人的。

当领导的必须具备软硬两手，并且实施起来要坚决果断。奖赏是件好事，惩罚虽然会使人痛苦一时，但绝对必要，这样才显得赏罚分明，显示出公平，体现功有奖、过则罚的制度刚性。如果执行赏罚之时优柔寡断，瞻前顾后，就会失去奖惩应有的效力。

领导智慧……………………………………………………………………

有功则赏，激励勇进，有过则罚，防患败迹。赏罚分明，公平公正，御人之道。

惩罚到位：稳、准、狠

在管理工作中，当管理者说论“奖”时，下属都会认为应该按规定严格执行。但论到“惩”时，意见分歧就比较大了。还有人认为按规定严格惩罚，不符合人性化，“法律无情人有情”等等。

身为管理者，不能只考虑员工愿意接受与否，而减弱惩罚力度。尤其是对那些工作不努力、绩效不佳、迟到早退及不守秩序的下属，要严格按照奖惩制度执行，该奖励的及时兑现，应当处罚的决不手软。

要做到惩罚到位，管理者要及时“打一巴掌”以示警醒，但“这一巴掌”一定要打得响，打得绝。管理者要做到合理运用批评达到处罚目的，还要掌握一些惩罚手段的技巧性。具体说，打这一巴掌要做到“稳、准、狠”。

1. 稳

“稳”是说领导采用强硬手段来惩罚犯错的下属。有时候处罚一个人，也是要冒风险的。如果被惩罚者有良好的人际关系，或者可能掌握着关键技术和信息，或者有着很硬的后台。如若惩罚不当可能会带来抵制和报复。

因此，拿这样的人开刀，就要对其背景多加考虑，慎重行事。要在动手之前想到后果，能够拿出应付一切情况发生的可行办法。

2. 准

“准”是说管理者在进行批评、惩罚时，要直接干脆，直指其弱点，直刺其痛处，争取一针见血。尤其是对总是犯同样错误的下属，屡教不改；或者代表一类人的错误，这时的惩罚一定要选准时机，待其犯错最典型、最明白、最有危害性时方采取行动。

但要切忌无事生非，不明事实；也切忌小题大做。这样才会让受罚人口服心服，也才会真正让众人引以为戒。

3. 狠

“狠”是说管理者一旦看准时机，下定决心，便要出手利落，坚决果断，毫不容情。切忌犹疑不定，反复无常，拖沓累赘。这样做，也是在向众人显示，我的做法是完全正确、适宜的，我对我的做法毫不后悔，充满信心，这是最好的选择。

因此，一些杰出的领导者总是一旦采取坚决措施，便变得冷酷无情。即使当他们不得不解雇某人时，也并不因强烈的内疚而变得犹豫不决。

科学的惩罚应该是“烫火炉”。“烫火炉”是很讲“政策”的，它只会烫被处罚者违规的那一部分，而不会烫其别处或烫全身，换句话说，管理者在惩罚犯了错误的员工时，不迁怒无辜，不搞株连。

我们所说的严格惩罚，抓住“稳、准、狠”，但要做到具体情况具体对待，处罚也有一个适度的问题，过度惩罚就是“迫害”，不但难以让人心服口服，甚至还会引起反抗，惹祸上身。

管理者在实施惩罚之前，可以先与员工讨论具体情况，确定没有误解事实之后再决定处罚方法，之所以惩罚下属的不足之处，目的在于让员工明白问题在于他不当的行为，而不在他本人；重点在于改变部属不良的行为，而不是羞辱他本人。因此，我们在处罚时要强调所期望的行为，这往往需要管理者发挥极大的自制力，不论你有多生气，你都不应乱发脾气。

领导智慧

错误的、不合时宜的惩罚会给团队带来灾难。惩罚一定要找准时机、看准对象，考虑清楚后果，而且要和员工所犯的错误相当，不能过轻或过重。

第四章

其身正，不令而行

先完善自己，管好自己才能带好队伍

在一个组织里，领导的员工能力素养和业务水平是衡量一个部门的指标。管理者要想带好队伍，必须先完善自己。只有不断提高自己的业务水平和能力，才能带领下属创造一个又一个奇迹。

每个人都有争强好胜之心，每个人都希望得到别人的肯定，都想得到更好的发展。但是，要想实现这个愿望并不是无条件的，关键是看你有没有能力，有没有真本领。业务技能精湛是做好本职工作的基本条件，也是适应竞争的需要。

王浩如今是一家建筑公司的副总经理。五六年前，他是作为一名送水工被建筑公司招聘进来的。在送水工作中，他并不像其他送水工那样，刚把水桶搬进来，就一面抱怨工资太少，一面躲起来吸烟。他每一次都给每位建筑工人的水壶倒满水，并利用工人们休息的时间，请求他们讲解有关建筑的各项知识。不久，这个勤奋好学、不满足现状的送水工就引起了建筑队长的注意。后来，他被提拔为计时员。

当上计时员的王浩依然尽心尽责地工作，他总是早上第一个来，晚上最后一个走。由于他勤学知识，对包括地基、垒砖、刷泥浆等在内的所有建筑工作都非常熟悉，当建筑队长不在时，一些工人总爱问他问题。

一次，建筑队长看到王浩把旧的红色法兰绒撕开套在日光灯上以解决施工时没有足够的红灯照明的难题后，便决定让他做自己的助理。就这样，王浩通过自己的勤奋努力抓住了一次次机会，仅仅用了五六年时间，便晋升为这家建筑公司的副总经理。

王浩晋升为公司的副总经理后，依然坚持自己勤奋工作的一贯作风。他常常在工作中鼓励大家学习和运用新知识、新技术，还常常自拟计划，自画草图，向大家提出各种好的建议。

对于一名管理者来说，不仅要从业务知识方面提升自己，更要注意自身的个人修养，因为你的行为举止都可能被下属效仿。如果你希望自己的员工是什么样的，就要先完善自身，这样员工自然会跟着你走。

王浩的成功告诉我们，管理者自己严于律己、勤奋好学，不断提升自身的专业技能，才能够实现自身和企业发展常青的愿望。

在今天这个充满机遇和挑战的社会里，作为一名管理者，必须要求自己付出比其他人更多的勤奋和努力，积极进取、奋发向上，才能在复杂多变的工作环境中，带出一支优秀的团队。

因此，不管我们现在从事什么样的职业，都应该在自己的岗位上刻苦钻研，努力让自己成为高素质的领导者。

领导智慧

“我们要勤奋工作！”这是古罗马大帝留下的遗言。勤奋是通往荣誉圣殿的必由之路，也是每一位管理者征服下属的秘诀所在。

找出自身独特的“卖点”，做自己的“品牌经理”

我们经常看到，推销人员在说服顾客购买产品时，总是滔滔不绝地列举一大堆的产品优点，也即是吸引我们的产品“卖点”。我们每个人也一样，都有优点与特长，这就等同于产品销售时的“卖点”一样。

管理者应该根据自身的特征，从自己的优势出发，打造出个人品牌。有一个关于成功的寓言故事一直在各大公司之间广泛流传。这个寓言故事讲的是：

为了和人类一样聪明，森林里的动物们开办了一所学校。开学第一天，来了许多动物，有小鸡、小鸭、小鸟，还有小兔子、小山羊、小松鼠。学校为它们开设了5门课程：唱歌、跳舞、跑步、爬山和游泳。

当老师宣布今天上跑步课时，小兔子兴奋地一下在体育场跑了一个来回，并自豪地说：“我能做好我天生就喜欢做的事！”而再看看其他小动物，有撅着嘴的，有拉着脸的。放学后，小兔子回到家对妈妈说：“这个学校真棒！我太喜欢了。”

第二天一大早，小兔子蹦蹦跳跳来到学校。老师宣布，今天上游泳课，小鸭子兴奋地一下跳进了水里。天生害怕水的小兔子傻眼了，其他小动物更没了招。接下来，第三天是唱歌课，第四天是爬山课……以后发生的事情，便可以猜到了，学校里每一天的课程，小动物们总有喜欢的和不喜欢的。

这个寓言故事寓意深远，它诠释了一个通俗的哲理，那就是“不能让猪去唱歌，让兔子学游泳”。要成功，小兔子就应跑步，小鸭子就该游泳，小松鼠就得爬树。不管从事何种职业的人，都必须充分认识、挖掘自己的潜能，确定最适合自己的发展方向；否则就有可能虚度光阴，埋没才能。

人生中，每个人都具有独特的、与众不同的才能和心智，也总存在着一些更适合于他做的事业。在竭尽全力拼搏之后却仍旧不能如愿以偿时，我们应该这样想：“上天告诉我，你转入另外一条发展道路上，一定能取得成功。”因为种种原因而不得不改变自己的发展方向时，也应告诉自己：“原来是这样，自己一直认为这是很适合于自己的事，不过，一定还有比这个更适合自己的事。”应该认为另外一条新的道路已展现在你眼前了。

领导智慧

歌德说过：“你适合站在哪里，你就应该去站在哪里。”如果我们用心去观察那些成功者，会发现他们都有一个共同的特征：不论才智高低与否，也不论他们从事哪一种行业，担任何种职务，他们都在做自己最擅长的事。

管出“雷锋”，自己先当“雷锋”

美国西点军校是全球最著名的军事院校，被誉为将军和总统的摇篮。它不仅培养出了麦克阿瑟、艾森豪威尔、巴顿、格兰特等著名将军，据统计该校还“意外”地培养了在世界500强企业中先后任职的1000多位董事长、2000多位副董事长和5000多位总经理。

由此来看，西点军校培养出来的学生具有强大的领导力，主要得益于西点军校对于领导力的与众不同的观念。

西点军校的管理理念认为：领导力不是法定权力，而是一种任何法定权力都无法比拟的强大的影响力和号召力。一个管理者的言行举止、做事风格势必影响下属的工作行为和价值追求。领导者在下属面前塑造出良好的形象、树立威信，产生强烈的凝聚力和感召力，从而激发出员工的敬佩感、信赖感和服从感。这样，领导者才会成为下属仿效的楷模和崇拜的对象。

《论语》在强调领导者的榜样作用时说“其身正，不令而行；其身不正，虽令不从”，意思是说，只要自己的行为端正，就算不下任何命令，部下也会遵从执行；如果自己的行为不端正，那么无论制定什么政策规章，部下也不会遵从执行。

玫琳·凯是当今世界上著名的女企业家，她非常重视管理者在员工中的榜样作用。她说：“管理者的行为受到其工作部门员工的关注。下属往往模仿部门负责人的工作习惯和行为，而不管其工作习惯和行为的好坏。例如，我习惯在下班前把办公桌清理一下，把没干完的工作装进包里带回家，坚持当天的事当天做完。尽管我从未要求过我的助手和秘书也这样做，但是她们现在每天下班时，也常提着包回家。假如一个经理经常迟到，工作散漫松懈，上班期间打私人电话，经常因喝咖啡而中断工作，那么他的部下大概也会如法炮制。”

领导者只有带好头、树好榜样，才能赢得下属的信任与追随，这是任何法定权力都无法比拟的一种强大的影响力和号召力。管理者职位越高，就越应重视给人留下好的印象，因为你总是处于众目睽睽之下。如果领导者期望带出“雷锋”式员工，那么你首先要当一个“雷锋”式的领导。也许过不了多久，你的部下就会照着你的样子去做。

正人先正己，做事先做人，管理之道正是如此，因此，领导者无论职务多高、权力多大、资历多深，都应该要求别人做到的自己先做到，这样才能树立起威望，增强执行力，提高管理效率。

领导智慧

正人先正己，这是自古以来为政、为将、为教者的准则及其号召力之所在。因为领导者的一言一行，时时处处都处于下属的关注之下，领导者只有时时刻刻、处处为下属带好头、树好样，做到严于律己，率先垂范，这样才有威信，才能赢得下属的信任，这是做一个领导最起码的前提。

适当时候要“御驾亲征”

在封建社会，当国家发生外寇入侵等大事时，有时皇帝会亲自率军御敌，这种行为被称为“御驾亲征”。在现代企业管理中，管理者要树立自己在员工中的威信，在适当的时机，也不妨“亲自上阵”一次，该出手时就出手。东芝公司董事长士光敏夫“亲征”的事情，就给员工们带来了巨大的震撼。

一次，东芝公司的董事长士光敏夫听业务员反映，有一笔生意难度较大，多次登门拜访都见不到人，买方的课长经常外出。士光敏夫听了情况后说：“请不要泄气，待我上门试试。”

业务员听到董事长要“亲自上阵”，心里忐忑不安，他想：是不是董事长不相信自己的真实反映；万一董事长亲自上门又碰不上那个课长，岂不是很没面子！于是急忙劝说：“董事长，不必您亲自为这些小事操心，我多跑几趟总会碰上那位课长的。”

第二天，士光敏夫真的来到那位课长的办公室，仍没见到课长。他没有因此而告辞，而是坐在那里等候，等了半天，那位课长回来了。当他看了士光敏夫的名片后，慌忙说：“对不起，对不起，让您久候了。”士光敏夫却微笑着说：“贵公司生意兴隆，我应该等候。”

那位课长明知自己企业的交易额不算多，而堂堂的东芝公司董事长亲自上门进行洽谈，觉得很是赏光，故很快就谈成了这笔交易。

最后，这位课长热情地握着士光敏夫的手说："本公司以后，一定买东芝的产品，但唯一的条件是董事长不必亲自来。"

士光敏夫"亲征"不仅做成了生意，而且在全体员工面前做了一个亲力亲为的榜样，提升了作为管理者的形象，从而树立了自己的威信。某些场合，管理者不能只负责业务管理，而叫下属从事实际工作。纵使身为主任、股长或是科长,有时也要亲自操作实际工作。

有些管理者似乎没有认清自己的立场与任务，只会在口头上堆砌一堆大道理，却从来不肯在行动上率先示范。他们理直气壮地坐在自己的座位上专心从事管理工作。这样的管理者注定要付出与员工日渐疏远的代价。

事实上，只会指挥下属工作的管理者，根本不可能率先示范给下属看。在某些时候或某些场合,管理者必须要亲自行动。也就是说，上司在某些情况下也要从事第一线的工作。管理者不但要指导下属、管理下属的行动，有时候更要站在下属的前头，以一副"看好，要按照我示范的方法做"的态度率先示范。

另外，只会实际工作的管理者，同样也不能指挥下属。唯有伏案工作与实际工作双管齐下、平均分配，才是最佳的行动模范。

领导智慧

特定时候，管理阶层的亲身行动，比对下属动百万次嘴皮子更有用。不仅更加奠定身为领导者的能力和威信，还起到了模范表率作用。

做任何事情都要用心

作为一个管理者，应该时刻注意你的工作态度和行为举止，要知道你在工作中的一切言行，下属都在关注着。领导的言行举止，不管大小都具有很强的导向作用，是下属关注的中心和模仿的样板。

如果说“认真做事”是一种态度的话，那么“用心做事”就是一种品质。有时一个不经意的细节，往往能够反映出一个人的深层修养。国外某企业在招聘管理人员时，就巧妙地设计了下面的场景：

一家大企业招聘高级管理人员，很多的应聘者都较为自信地回答了考官的问题，得到的结果都是等通知，没有当场录用的。就在招聘临近结束时，一个年轻的上伙子走在最后，看到面试室门口处有一个纸团，他弯下腰把纸团捡起，准备扔到垃圾桶里。这时，其中一个面试官对他微微一笑说：“年轻人，请打开纸团看一看。”小伙子打开手中的纸团，上面写着一行字“欢迎你加入我们公司任职”。

这位年轻人之所以被当场录用，就在于他捡起纸团这一细微动作，体现了比别的面试者更用心的做事态度，因此也赢得了面试官的青睐。迪士尼乐园有一句名言：“每一天上班都是一场表演。”这句话的言外之意是：当你做事的时候要非常用心，因为有人在看你。

有些人总是抱怨没有施展才能的机会，其实你并不是真的没有机会，而是别人在看你的时候，你表现得很糟糕。如果抱着类似“无所谓，反正老板不在”的念头，你就错了。做任何事情，都要假设有人在看你，监督自己，谨言慎行，这样遇到机会才不会错过。

如果你是一个邮递员，每天送信都有很多人在看你；如果你是银行职员，每天柜台前都有很多人在看你；如果你是一个护士，每天医院里都有很多人在看你；如果你是一个交通警察，每天路面上都有很多人在看你……不管你做什么工作，只要有一个人发现你或者提拔你，你的命运就完全不一样了。从这个角度来说，只有用心做事，才能改变自己不满的现状甚至是命运。

严长寿是在台湾长大的浙江杭州人，被称为“台湾饭店业教父”。他并没有任何家族背景，只有中学学历，曾经是美国运通台湾公司送公文的小弟，后升任台湾地区的总经理，最后在 32 岁时，就成为亚都饭店的总裁。

严长寿能够在那么年轻的时候就获得成功，就是因为他做事非常积极，也就是说，他每做一件事都用心地把它做好，做每一件事都假设有人在看他。这样，他做事会更用心。

认真做事，才能把事做对；用心做事，才能把事做好。一个用心做事的人才是有潜力的人，他会全身心地投入到工作之中，全力以赴地对待自己的工作。也只有这样，才能做好一个管理者，带出优秀的下属，齐心协力地把工作做好。希望我们都能把“用心做事”当成品质一样来培养，当作品牌一样来呵护，当成习惯一样来坚持。

领导智慧

用心做事，可能体现的是一种精神，也许是一种良好的习惯。要想成为一个卓越的领导者，我们就要把“用心做事”当成一种品质来培养。

管理是一种让员工自愿跟从的能力

有些管理者滥用权力压制员工，漠视员工甚至越权指挥等，结果不但自己很累，更严重的是，员工流失率不断上升，甚至用心“培养”起来的员工也毫不犹豫地离开。结果致使员工得不到成长，自己得不到提升，团队拿不出业绩。

其实，管理不是独裁，从事管理工作应尊重人权，重视个体，友善地询问和关切地聆听员工的想法。伊索寓言中有一个小故事，意在讽刺一部分盛气凌人的管理者，依靠权力打压员工的工作热情。

一只山羊爬上一农户的高屋顶，这时有一只狼从下面经过，山羊以为自己居高位，野狼莫奈他何，便洋洋得意地开口骂道：“你这个傻瓜，笨狼。”狼于是停了下来，说：“你这胆小鬼，骂我的并非是你，而是你现在所站的位置。”

一个优秀的管理者应具备三种力：权力、实力与影响力，但此三力孰轻孰重？很多管理者会自然而然地将权力摆在最重要的位置上，以为管理就是管人，而管人就需要运用权力，至于实力和影响力，则并不是最重要的。事实上，权力在管理下属方面并不是万能的。

真正智慧的领导者懂得运用自身的人格魅力来领导下属。他们极少生硬地动用权力去“镇压”或“指挥”下属，而是通过自身的言行态度，创造出一个和谐的氛围，让下属在这个氛围中感受到被尊重，因而更愿意为其卖命。

生活中的每一个人，心理上更倾向于跟从佩服其人格魅力或深受感动的领导，并对其价值认可和重视，这时，如果管理者通过其自身的影响力，让员工从内心自愿产生忠心跟从的心理，更能激发他们潜在的才能和工作热情。

因此，作为一名领导，你必须懂得如何加强人的信心，切不可动不动就打击部属的积极性。应极力避免用“你不行、你不会、你不知道、也许”这些字眼，而要经常对你的下属说“你行、你一定会、你一定要、你会和你知道”。

领导者在管理中要学会运用个人影响力，真心地尊重和关爱下属，以人为本，推行严格中不失人情味的管理方式，使下属随时感受到公司传递的温暖，从而去掉包袱，激发工作的最大积极性。

在中国这样一个历来重视情义的国度，若想让别人为你效命，只需对他付出关怀，让他感激你就是了。很多管理者为了管理下属，想尽了各种办法，却忘记了这个最简单实用的道理。

领导智慧 ....

法国作家拉封丹写过一则寓言：北风和南风比威力，看谁能把行人身上的大衣脱掉。北风猛烈吹起寒风，凛冽刺骨，结果行人都把大衣裹得紧紧的；南风则徐徐吹拂，带来风和日丽之感，于是人们纷纷解开纽扣，脱掉大衣，因而南风获得了胜利。这则寓言形象地说明一个道理：温暖胜于严寒。

不懂不是错，不懂装懂才是错

《论语》中说："知之为知之，不知为不知，是知也。"这句话意在强调做学问时，应当具备诚实的态度，知道的就是知道，对不知道的东西，我们不仅应当老实地承认"不知道"，而且要敢于说"不知道"。对企业管理者来说，也是一样的道理。

无论你是一名位居高职的领导还是普普通通的员工，遇到困难，解决不了不是你的错，只要你有一种积极学习的心态，你将很快成长起来。但如果你不懂装懂，才会真正让人瞧不起。华为公司在招聘员工时尤其注重其学习能力。

华为公司每当在招聘结束后，任正非在新员工进企业第一天的大会上，就会告诉大家，文凭只代表你的过去，进了企业后，文凭就失效了，大家都站在同一条起跑线上，关键是看你后面的学习能力、成长能力。

在这个科技高速发展的社会，尤其是现代企业管理，企业老板越来越看重员工的学习能力、成长能力。甚至有知名企业老总在谈及用人时这样说：“学历不重要，学习的能力才重要。”

无论你知识如何丰富，学识怎么渊博，在工作中也不可避免地会出现某一方面的“短板”。我们常说第一次失败是悲剧，第二次失败就是笑话了。失败不要紧，做错事也不要紧，关键是你要能从失败和错误中吸取教训，取得进步，那就是一个聪明人。

这就要求你要有很好的学习能力，才能够获得各种你需要的能力，取得进步。不懂不要紧，只要你肯于学习，善于学习，你就能由不懂到懂。不懂不是错，不懂装懂就有错；不懂不表示你愚蠢，不懂还自以为是，不肯学习，那就是愚蠢。

可是在实际工作中，有些领导遇到问题，因为顾忌自己的面子，就是喜欢不懂装懂瞎指挥，结果不仅产生不良的后果，还闹出笑话。这样一来，在员工面前不仅没有挽回威严，反而失去了威信。

不懂装懂，是一种心虚的表现，是一种基于自卑心理的盲目自尊。“一桶不响，半桶晃荡。”作为一名管理者，要敢于承认自己的不懂，有时虚心地向同事与下属学习，这不仅不会被员工看不起，反而会因为你的诚实赢得大家的信任，同时也体现了你虚怀若谷的胸怀。

领导智慧

不懂装懂，是一种心虚的表现，“一桶不响，半桶晃荡”是一种基于自卑心理的盲目自尊。倒是那些满腹经纶的人，更敢于承认自己的不懂，因而愈是懂得多的人愈是虚怀若谷。

解决问题，最简单的方法就是“带头往下跳”

管理者要充分发挥个人魅力的领导细节，激发团队的斗志，最简单的方法就是“带头往下跳”，自己不率先显现出一种气魄，又怎能去感染人？只有以身作则，显现出与常人不同的气质，用个人的魅力去感染人，达到一种“无声胜有声”的理解和交流，这比任何命令都来得有效！

单靠权力来带人，只会喊口号的管理者是最下等的领导，如果没有一点带头往前冲的魄力，很难得到员工真心的追随。最高明的领导则是身先士卒，通过自身散发出达到愿望与目标的热情。史瓦兹·柯夫将军说：“下令要部下上战场算不得英雄，身先士卒上战场才是英雄好汉。”

在战场上，最能鼓舞士气的莫过于将领身先士卒，带头冲锋陷阵。而在管理中，也是同样的道理。最有效的下达指令一定是“带头往下跳”的行为影响力，也就是真正领导的魅力。

在遇到问题时，要想尽快解决困难，最简单有效的方法就是，领导要“带头往下跳”。身先士卒比站着指挥更有效，“带头往下跳”是一种行为影响力，更是能说服和影响下属的执行力和行动力。

管理工作中，领导与下属之间，就是发出指令和执行的关系。好的管理者一定会对下属产生一种吸引力，下属会自觉地跟着你奋斗，这是领导者以身作则的力量，产生了影响员工行为的魅力，从而发出一种无声的命令。

领导智慧……………………………………………………………………

如果领导者想激励员工们取得预期的战果，管理者则应当身先士卒，以身作则，做出他们要求士兵所做出的牺牲。以身作则的效果完全是通过行动而非言辞取得的。

非权力影响力激发最佳管理效能

影响力是一个人在与他人交往的过程中，影响与改变他人心理与行为的能力，权力性影响力和非权力性影响力共同构成管理者的影响力。管理者合理地运用非权力性影响力，可以进一步提高管理效能。

子曰："以约失之者鲜矣。"孔子认为只有严于律己，才能少犯错误。同样，作为管理者无论是在工作还是生活中都要时刻约束自己，谨言慎行，不放纵，不浮泛，这样做就可以少犯错误甚至不犯错误了。

国外某企业家认为，如果想知道一家企业的员工整体素质如何，只需要了解其中的管理人员素质就可以知道他的员工的素质是怎么样的。这话的确在理，每个管理者都是所有下属关注的焦点，也是员工积极模仿的对象，管理者产生什么样的行为、举动，都会直接影响到自己的员工。所以，假如你想你的员工严格要求自己，你就必须先严格要求你自己。

那么管理者在工作和生活中如何才能提高自己的非权力性影响力，来实施有效管理呢？

1. 努力培养高尚的人格情操

"人以品为重，官以德立身"。管理者的非权力影响力既体现于真理的力量，也体现于人格的力量。一个人素质能力上有差距可以提高，但品质差距却是难以原谅的。人格品行不是建立在职位、权力基础之上的，而是在高尚的境界中产生的。管理者为人是否正直，为官是否正派，处事是否公道，是思想政治品德和能力的外在表现，也是塑造自我形象、树立非权力性影响力的关键。

2. 具备宽阔的处事胸怀

宽阔的胸怀是产生向心力、凝聚力、感召力的人格力量，是管理者必备的素质。作为一个管理者，在处事时要具备坦诚相见的胸怀。对管理团队成员要胸怀坦荡，以诚待人，不怀疑、不嫉妒、不欺骗；对下级不虚伪、不偏私、不欺骗，做到言而有信、言行一致。在重大问题决策上，要充分发扬民主，集中集体智慧，不搞独断专行。

3. 树立严格的自律意识

一个管理者威信的高低，并不仅仅取决于权力的大小，更多地要取决于他在权力运用中表现出的品格。管理者一定要严于律己，做好表率。

严于律己是律人的前提，只有做到自我管理才能要求下属去执行。优秀管理者应该严格要求自己，起到为人表率的作用，用实际行动来影响和带动身边的人一道去努力工作。

领导智慧……………………………………………………

要做一个优秀的管理者，关键是通过非权力影响力使员工进行自我约束。管理者要想获得非权力影响力，严于律己显然是一条最为重要的途径。

绝不可严于律人，宽以待己

有些管理者习惯以权威约束员工的行为，而自己却游离于这些约定之外，当然在员工心中很难树立威信，更谈不上做好对员工的有效管理。其主要根源，就在于管理者严于律人，宽以待己，缺乏榜样意识。

要成为一个好的管理者，首先要管好自己，为员工们树立一个良好的榜样。言教再多也不如身教有效。行为有时比语言更重要，领导的力量很多往往不是由语言，而是由行为动作体现出来的，聪明的领导者尤其如此。格力电器总经理董明珠就是个严格要求自己的人。

董明珠上任前，格力公司迟到早退、喝茶看报、吃零食聊天等情况屡见不鲜。而董明珠一上任，就狠抓内勤，把一些老员工都训得直掉眼泪。经营部女性多，公司对她们的服装、头发和走路姿势都做了明确的要求，要求大家最好剪短发，留长发的上班要盘起来，更不准带着一大堆饰品来上班。董明珠始终认为，没有严格的制度，就无法产生强大的战斗力，果然，不久之后的经营部焕发出全新的工作作风。

一天，一个不是格力的经销商托董明珠的哥哥想从格力拿货，承诺如果事情办成，会给 2% 的提成，这是一个不小的数目，他哥哥答应了。董明珠接到哥哥的电话后犹豫了，对身为部长的她，帮哥哥这个忙很容易，只是一句话的问题，而且没有违背公司的制度。

但是董明珠转念一想：如果为亲人谋利益就会伤害到其他经销商的利益，公平性就会出现偏差，如果这股风气蔓延的话，格力这个品牌就会受到玷污。最后她拒绝了哥哥的请求。

董明珠的拒绝伤了哥哥的心，他不再和妹妹来往，但是董明珠认为这样做是值得的：“我把哥哥拒之门外，虽然得罪了他，但我没有得罪经销商。”

正是董明珠进行了一系列毫不妥协的“斗争”，对格力电器进行了一场“刮骨疗毒”式的治疗，使格力摆脱了停滞不前的状态，管理逐渐走向了规范。以至于后来，格力电器成为空调行业的世界冠军。

作为一个有成效的管理者，必须成为员工的角色榜样。管理者要在每天的言行中切实按自己所提倡的那样做，在员工们面前树立一个有成效的、负责的形象，以实际的行动来引领团队的进步。

领导者不仅要严格要求自己，为员工树榜样，还要带头把一些优秀人士当作榜样，号召大家学习。切忌管理者只号召别人学，自己却不学，甚至借着“树榜样”往自己脸上贴金。这样既是对榜样的不尊重，也会使员工失去学习热情，树了榜样也起不到应有的作用。

领导智慧……………………………………………………………

领导要树立榜样意识，最有效的方法就是严于律己，宽以待人，因为最具有影响力的榜样就是管理者本人。

以理服人，树立个人威望

领导者要在下属中树立权威，赢得人心，就要做到以理服人。俗话说，“有理走遍天下，无理寸步难行”。道理没讲清，下属会认为你是无理取闹，下属把怨气憋在心里还好一点，万一和你当面争执起来，你这个上司可就没法当了。

松下电器的创始人松下幸之助批评下属是很出名的，但他批评下属有一个特点，他会边批评边讲出自己的道理，让下属虽然挨了批评，却都心服口服。以理服人是松下赢得下属尊重和信任的重要原因。

有近重信刚进入松下电器后被分到电池厂，按规定生产技术人员必须到第一线实习，他就整天跟黑铅锰粉打交道，浑身黑乎乎的。一天，松下来电池厂巡视，有近重信见门外进来一个穿礼服的绅士，立即跑过去把他拦住，问道：“请问你有公司开的参观证吗？”

松下说：“没有。”

有近重信把双臂一伸，拦住了松下，并且毫不客气地说道：“那就对不起，你不能进去。”

“我是……”

“你是天王老子都不许进！”不等松下说完，有近重信就打断了他要说的话。

有近重信接着又说：“我们老板松下先生有规定，没有公司的参观证，任何人都不得进来！”

松下没有生气，叫来了厂长后才进去。松下见了厂长井植薰说：“你们员工中有个很固执的家伙，大概是新来的吧，死活不让我进来，真是个很有特点的人。”

这件事给松下的印象很深，他认为有近重信是个可造之才，原则性很强。所以井植薰每次去汇报工作，松下都很关注有近重信的情况。

不久，电池厂盖成品仓库，由于松下的坚持，决定采用木结构。井植薰把设计任务交给有近重信，有近重信说：“我是学电子的。”井植薰说：“我是做操作工的，现在不是在做厂长吗？”

有近重信经过计算，需增加 4 根柱子才能达到安全系数，其他的就没有多作考虑。仓库落成那天，松下见中间竖有 4 根柱子，大为不满，先把井植薰批评了一通，然后又把有近重信叫了进去。被训斥了整整 9 个小时，从下午三四点，到深夜 12 点，连晚饭都没吃。

刚开始有近重信的心里不服，可到后来，有近重信终于明白了松下的意思，他不知道要立柱子才坚持用木结构的，而有近重信明知要立柱子却不敢坚持钢筋结构。井植薰自己不懂，才找有近重信来帮忙，而有近重信明知不好，却偏偏要这么设计，这才是让松下恼火的原因。

松下不仅对普通的下属，就是对公司的管理人员，也会让他们明白道理，从而让大家心服口服。由此可见，领导者在工作中一定要注意以理服人，尤其是在批评下属的时候一定要先摆事实讲道理，让下属真正知道自己错在什么地方。这样，才能赢得下属的敬重和追随。

领导智慧

领导者想在下属中树立起崇高的威望，让下属真心追随，首先要做的就是让下属对你“心服”，最高明的领导者不靠权力和命令，而是以理服人，只有这样才能做到上下一心、同心协力。

赢得人心，仁义比金钱更有效

有些领导者认为，只有靠官职、钱财才能笼络下属。事实上这种观点是不全面的，有时，下属需要的是上级对自己的重视或关注。这时管理者对下属不必付出实质的东西，只需要付出肯定的态度就能让下属获得较大的满足。

对于管理者来说，赢得人心，仁义有时比金钱更直接有效。美国凯德电视公司的总裁李维就是一位深得人心的领导者。他曾经私下对朋友说："人都是有感情的，只要用仁义之心去对待他，他也一定会用心回报你。"

李维的新产品研制小组里有一个叫波克的专家，他脾气古怪、性情暴躁，动不动就和别人争吵，研制小组上上下下的人都被他吵遍了，就连李维也不例外。有一天，为了一个实验问题，波克同研制组的另一个研究员劳布争执不下，他大动肝火，又拍桌子又摔东西。李维过去劝阻也着实被骂一顿。正在他们闹得不可开交时，波克的小女儿来到了实验室，她看见爸爸那副怒发冲冠的样子，吓得哭了起来。波克见状再也顾不上继续吵架，赶忙跑过去，赔着笑脸哄自己的小女儿。

看到这一幕动人的情景，李维立刻在公司附近为波克租了一幢房子，好让他经常和女儿生活在一起。因为李维发现波克虽然看谁都不顺眼，但对留在他身边的这个小女儿却是百依百顺，视为掌上明珠。不难看出，这小女儿就是他的精神依托。

当时处于创业初期，资金十分紧张，李维为波克租房，这使波克很过意不去，经过再三劝说波克才搬进新居。李维为波克租房，虽然花费了不少钱，可搬家这件事所产生的影响却远远不是这些钱所能买到的。

这让波克感觉到，李维在资金状况窘困的时刻，仍然把他的生活快乐看得比金钱更重要，因而对李维感恩不尽。波克的心情好了，与同事相处就很少发牛脾气，大家工作的氛围更加融洽愉快。更重要的是，这件事被公司的其他专家和员工知道后，都说李维讲义气，关怀部下，从而他们齐心协力，把公司办得更好。

从此，波克的工作激情更加高涨，因为在他需要帮助的时候，李维能够主动伸出仁义之手。所以，当李维最需要人才的时候，尽管条件艰苦，波克还是主动跑来为他效力。

因此，领导者如果能在管理中对员工施以仁义，例如给地位卑贱者尊重，给贫穷者财物，给落难者援助，给求职者机会，等等，这些都是笼络人心的最好方式。

领导智慧

在部属眼中之领导者，总是具有某种他人所没有的独特风格。若领导善于以仁义之举赢得人心，将很快获得部属的尊敬，对部属的管理自然不是问题。

勇于承担责任，不揽功，不诿过

孔子曾为我们描绘了一个生动的战场细节：古时候有个叫孟之反的人，在战场上打了败仗，他让前方败下来的人先撤退，自己一人断后。快要进到自己城门时，才赶紧用鞭子抽在马屁股上，赶到队伍前面去，然后告诉大家说："不是我胆子大，敢在你们背后挡住敌人，实在是这匹马跑不动，真是要命啊！"

著名学者南怀瑾先生认为，孟之反善于立身自处，怕引起同事之间的摩擦，不但不自己表功，还自谦以免除同事之间的忌妒，以免损及国家。一个优秀的领导者应当像孟之反一样，时刻体察自己的下属，不揽功、不诿过，这样才能赢得下属的追随。秦穆公就是一个主动为下属揽过的典范。

公元前 628 年冬，秦国驻郑国的大夫杞子突然派人回国，秘密向秦穆公报告说："郑国人信任我，把都城北门的钥匙交给我保管，这是我国用兵的大好机会。如果您派一支军队来突袭郑国，我们里应外合，一定可以占领郑国，借此扩大疆土，建功立业。"秦穆公听了喜出望外，对领土的贪婪一时间充斥着他的头脑，争霸中原的野心使他再也按捺不住。于是秦穆公立即决定调动大军，袭击郑国。

然而作战经验丰富的老臣蹇叔坚决反对出师郑国。秦郑两国路途遥远，调动大军长途跋涉，必然精疲力竭，元气大伤。再说，如此大的行动，浩浩荡荡的军队千里行进，郑国怎么会不知道呢？一旦兵败，不仅国内人民心中不满，其他诸侯国也会小看秦国。因此，蹇叔力劝秦穆公不要发兵。

求功心切的秦穆公对蹇叔的话不以为然，坚持派孟明视、西乞术、白乙丙三人攻打郑国。事实果然被蹇叔言中。次年 2 月，对秦攻郑之举，晋襄公及其谋臣先轸认为这是对晋国霸主地位的挑战。为维护晋之霸业，晋襄公决定待秦军疲惫会师之时在崤山伏击，并遣使联络附近的姜戎配合晋军作战。

四月初，晋襄公整顿人马亲自出征，在崤山一带大败秦军，俘获孟明视、西乞术、白乙丙三人。幸好秦穆公之女文嬴巧施计策，劝晋襄公放回了孟明视三人，秦国才免于三员将帅之损。

秦军大败的消息传到秦国，秦穆公立即认识到自己贪心过重，急于求成，不但劳顿三军，更险些折损三将。

此时，秦穆公勇于承担责任，揽过于己。他身穿素服，来到郊外迎接三人，见面时放声大哭：“我不听蹇叔的话，使三位受到如此侮辱，这都是我的罪过啊。”孟明视等人叩头请罪，秦穆公说：“这是我决策失误，你们何罪之有？我又怎能用一次过失掩盖你们平时的功绩呢？”之后他对群臣又说：“都是我贪心过重，才使你们遭受此祸啊！”秦穆公承担下全部责任，感动了群臣，三帅更是力图回报，欲雪国耻，从此整顿军队，严明纪律，加紧训练，为再次出征做准备。

秦穆公爱护下属，勇于揽过，不找替罪羊开脱自己，这对调动部下积极性，团结上下极为重要。试想，若秦穆公杀了孟明视三人，其结果必然是朝野震动，从此没有请命之将，那么何谈雪耻？秦国的历史或许就会改写。不诿过于下属，是领导者赢得人心的法宝。

领导智慧

一个让下属放心追随的领导者既不会独占功劳，也不会诿过于下属，他们在下属的心里就像一棵可以乘凉的大树，是下属真正可以依靠的靠山。

第五章

上下同欲者胜

要能把握"到位感"

所谓"过犹不及"，管理者与下属之间的关系是相当微妙的，一定要注意"到位"，才能行之有效。

管理者说话要有分寸。由于所处的地位、职能，管理者说话的分量与影响力与一般人不同，同样一句话从管理者口中说出就更具权威性与信任感。这就要求管理者不可随意讲话，乱讲话不是管理者的权力。

在上司与下属谈话时，上司应让下属充分地把意见、态度都表明，然后再说话。让下属先谈，主动权在自己，可以从听下属的汇报中选择弱点追问下去，以帮助对方认识问题，再谈自己的看法，这样对方易于接受。如果还没掌握全部事实，还没经过深度思考就讲出自己的意见，你下的结论就是危险的，若受到下属的驳问将会十分尴尬。

无论说什么话都要把握分寸。不把话说得过满，就是有分寸感的表现。比如新领导被调到一个长期亏损的单位，还未经过调查研究，就在职工大会上放言："要在半年内解决群众的福利和住房问题，并且扭亏为盈。"这就是把话说得太满了。结果到最后，由于客观条件的限制，尽管使出浑身解数，一年内仍无起色。承诺变成了空话，领导威信一落千丈。大气魄不一定能解决大问题，给自己留有回旋余地，方能显出领导的说话水平。

说话要留余地，但也不能和稀泥，要适当表现出果断和权威性。上司应感到自己的话具有"拍板""定调"的味道。如果下属与上司谈了一小时的话，上司都没有说出一句决策性的话，那这场交谈将没有结果。这样的交谈，就是失败的。

维护自己的威信是必需的，因为一个没有主见、被人左右的管理者无法得到下属的尊敬与服从。但这并不意味着管理者可以刚愎自用、独断专行。好的管理者在与下属交谈时，应摆出兼收并蓄、取长补短、互相切磋、求同存异的姿态，不要着急下结论。

管理者在与下属沟通时，还应注意对下属的尊重，谈话时切忌盛气凌人，批评时切忌冷嘲热讽，有错时切忌回避粉饰，有功时切忌自我炫耀。

领导智慧……………………………………………………………………

中庸之道，讲究的就是一个"度"字，也就是分寸感。

互相搭台，才能共同起跳

李思和罗杰同时进入一家电力公司，在工作中他们不相上下。李思是电力公司总经理的亲属，而罗杰是单枪匹马。两人都成为部门负责人。在工作中，罗杰经常与李思相互协作，完成工作中的难点，二人配合得非常默契。李思也愿意同罗杰编在一组，相互促进。在完成 11 万伏高压输电线路安装过程中，李思与罗杰一起晚上看图纸，安排工序，白天干活，比预定工期提前 1/3，因此受到表彰。

曾经有朋友劝罗杰，李思本来就有关系，现在你帮他的忙相当于断了自己的升迁之路。罗杰对朋友说："第一，我佩服的是李思的能力和人品，李思成功，他靠的是自己的实力，全公司有多少人能够进行 11 万伏的带电作业，人家就是一个；第二，如果自己没有水平，即使主管不会看重李思，自己也不会有什么出息。我现在也是向他学习本事；第三，一旦李思升迁，自己与他配合默契，工作起来也顺手。"

通过相互之间的配合，他们取得了很大的成绩，并且上级通过李思也认识了罗杰，认为两个人的能力同样突出，在李思提为安装公司经理之后，罗杰理所当然地成为了副经理。李思也心里明白，没有罗杰的帮助，仅靠自己也不会有这么突出的成绩，于是在不久之后，李思通过关系，将罗杰调到另一部门担任正职。这样，罗杰的路子也宽广起来，两个人在两个部门相互协调，工作就更加好开展了。

人脉的重要性在这个故事中体现得十分明显。见识深远的人在平时会非常注意人际关系。对于管理者而言，在现代社会，同事之间的竞争有时是很激烈的，怎样在竞争中站稳脚跟，并且和同事尤其是那些与你一样具有同样竞争力的同事相处呢？互相搭台，共同起跳是最好的方式。

你首先要发挥实力，展示自己的才华，这样才有机会脱颖而出，才能与最有前途的人一起前进。然后配合他人的工作，在团体运作中发挥团结精神。协助别人工作和给别人当下手不一样，协助别人要有自己独到的见解。若没有独到的见解，总像跟屁虫似的人云亦云，替别人打杂，是永远成不了气候的。

领导智慧……………………………………………………………

互相搭台，共同起跳，才能跳得更高。见识深远的人在平时会非常注意人际关系。

让部下产生“自己人”意识

“一家人不说两家话”“咱俩谁跟谁啊”“疏不间亲”“兄弟阋于墙，外御其辱”，说的都是自己人与外人的区别。人情社会，人情永远为大。做领导，要懂得让本为“外人”的下属产生“自己人”的意识。

与欧美人相比，亚洲人性格偏于内向，不易在第一次见面时就与人坦诚相待。但是如果对方与自己是校友、同乡、在同一座城市呆过乃至属于星座相同，那么即使是第一次见面，对方也往往会表现出友好的态度。此种情况是很常见的。

上司也可以利用双方的共同点让下属产生“自己人”的意识，一旦产生共鸣，自然可加强学习的意愿。对于下属，找出自己与他共通之点，据此加以强调是很有效的。从心理学来讲，使对方与自己的心理连在一起的作用称为“促进彼此信赖的关系”。寻找与下属的共通之点，便相当于此种“促进彼此信赖的关系”。

这种共通点愈多愈好，而且关系愈近，愈有效果。例如出生地、毕业的学校、性格、类似的遭遇等。事实上，若要找出彼此的共通点并不困难。就出生地而言，对于是否在该地出生并不重要，只要是曾经在当地住过，即可成为谈话的材料。只要能找出三四项，就不难解决团队内成员的向心力问题。

领导智慧 ……………………………………………………………

外人与可以变成自己人，只要你善于利用、强调双方的共同点。

以别人的心甘情愿为前提

有一次，一名卡耐基的学员抱怨他的汽车销售人员最近不那么努力了，本月许多该完成的任务都没有完成。这样下去，会给公司造成一笔不小的损失。他向卡耐基询问,如何才能及时改变这种状况。

卡耐基听完这位学员的抱怨，悄悄在他耳边说了几句，这位先生紧缩的眉头一下子就舒展开了。

这位学员（其实是那家汽车经销公司的董事）马上将分布在美国各地的经销人员召集到公司的大本营。这些经销员正因最近汽车销量不好而烦恼不已，当接到召他们回总部的消息时，许多人忐忑不安，他们担心老板要将他们集体辞退。

这些经销人员垂头丧气地回到位于底特律的总部时，惊奇地发现，老板的脸上并没有预想的阴霾，而是显出和蔼可亲的样子。老板没有发脾气，而是说道：

“我知道这个月的销售成绩不太理想，这不怪你们，我只想知道具体原因是什么。我们这次开的会是解决问题的大会，不是辞退的大会，因此请大家知无不言，言无不尽。”

大家听了，开始还拿不准老板意图，以为老板在试探。但是，在老板真诚目光的注视之下，终于有人打开了话匣。其他人见有人开了先河，也纷纷说出了心中憋了许久的话。

大家你一言我一语，终于道出了真正原因。原来，这个月整个汽车销售市场都十分不景气，再加上最近市场的饱和和通货膨胀的加剧，汽车就更难推销出去了。就在这个会上，针对一个又一个的问题，大家提出了意见和解决办法。会议开得十分热烈，老板始终未发一言，他一直倾听推销员的话语。会议结束时，他果然没有惩罚大家，反而将他们的薪水增加了 20%。不出两个月，这个公司的销售业绩重新上升，在同行中占据了领先地位。

合作与竞争是这个社会存在和发展的两大动力。合作，必须以别人心甘情愿为前提条件。

作为领导者，在与自己的下属交流时，不该将自己的意见强加给对方，而要设法使对方心里所想的叫让他自己说出来。与别人保持适当的默契，不是表面上，而是打心底里想与人合作，你就一定会取得成功。

领导智慧……………………………………………………

让下属合作，必须以其心甘情愿为前提条件。

和谐管理绝不是讨好员工

和谐是管理的至高境界，也是每个领导者追求的目标。和谐管理讲究“少管理”，管理者与被管理者双方要彼此尊重，团结合作。

但这并不意味着，管理者为了与员工保持和谐关系，而需要去讨好员工。

管理的目的是让员工敬业而不是追求员工满意，永远不要忘记这一点。管理者靠讨好员工可能会让员工满意，但并不能实现企业整体的和谐发展。敬业与满意有严格的区别。一位企业家经过长期的调查发现，一个满意的员工并不是一个高效的员工，甚至有可能成为企业发展中的障碍，他甚至会为了维持他的满意而阻碍公司必要的改革。

员工感到满意之后，不一定乐于把满意度转化为更出色的工作表现，或者创造更好的工作业绩。只有一个敬业的员工才会为企业的发展积极贡献力量。满意的员工会享受公司发给他的钱，而敬业的员工辛勤工作并不仅仅是为了赚钱，他还希望借由工作获取肯定、实现自我、发挥影响力。

以讨好员工为目的的管理者，为了提升员工的满意度，一味地加薪、放假，却不关心员工的工作效率是否“同比增长”，对员工更高层次的需求也不甚留意。在注重培养员工的敬业精神的企业里，管理者会将员工的个人发展和企业的长远发展紧紧联系在一起。这就是员工的深层需求。

所以，除了薪金、福利之外，管理者还要考虑工作的内容、员工的发展机会、企业文化，甚至人际关系等因素。这些因素对调动员工的敬业精神大有裨益，更能体现公司对人的尊重。

真正的和谐关系应该是这样的：管理者每天都亲临第一线。但他们并不是来监督工作的，而是希望了解员工的真实感受，并确认工作中是否存在一些棘手问题。他们平易近人并关心员工切身利益，即使有些员工被裁员，也同样会对管理者的做法给予肯定，而不是感觉到受骗或不公正。

领导智慧 ……………………………………………………………………

和谐管理的是员工的敬业心，而不是他们的满意度。

懂得互利才能留住人

有一个聪明的猎人带了几只猎狗去森林里打猎。他发现了一只兔子后，放出了一条猎狗。猎狗一直追赶兔子，但是追了很久仍没有捉到。猎人看到此种情景非常生气，怒斥猎狗说："你真是没用，兔子那么小,反而比你跑得快得多。"猎狗喘着粗气回答道:"主人啊，你有所不知。我和兔子跑的目的是完全不同的。我是为了一顿饱饭而跑，兔子是为了活命而跑啊。"

猎人听完猎狗的解释后,觉得猎狗说得有道理,同时也提醒了他:"我要想得到更多的猎物,得想个好办法,让猎狗们也为了活命而跑。"于是，猎人召集了所有的猎狗，举行大会，他决定对猎狗实行论功行赏。猎人宣布："凡是在打猎中抓到一只兔子的，可以得到一根骨头的奖励，抓不到的就没有饭吃，年底再进行考核，最后一名将被杀掉。"

猎人的新方法果然有用，猎狗们为了避免被杀，又为了获得更多的骨头，抓兔子的积极性得到大幅度提高，每天抓到的兔子数量迅速上升，猎人获得了相当好的收益。

可是，没过多久时间，新问题又出现了。猎人发现猎狗们每天抓到的兔子数量不少，但都是一些小兔子。猎人通过观察发现，原来大兔子跑得快，非常难抓，而小兔子要好抓很多。抓到大兔子和抓到小兔子得到的骨头是一样的，于是猎狗们就都去抓小兔子。

猎人发现了猎狗们在利用自己规则的漏洞，他决定改进一下自己的方法。经过思考后，猎人决定奖励骨头的数量不再与兔子数量挂钩，而是每过一段时间，就统计一次猎狗捉到兔子的总重量，按照重量决定猎狗这段时间内的待遇。

这个方法一出台，猎狗们的积极性再次被激发，抓到的兔子数量和重量都有了增加，猎人非常高兴。不过好景不长，又过了一段时间，猎人发现，猎狗们抓兔子的积极性又开始下降，而且越是有经验的猎狗越缺乏斗志。猎人觉得这个问题很严重，于是他找到了最早跟随自己的猎狗。

忠诚的猎狗告诉猎人："主人啊，这阵子我们都在琢磨。我们把最宝贵的青春都奉献给了您，可是我们会慢慢变老，等我们抓不到兔子的时候，您还会给我们骨头吃吗？"猎人听完恍然大悟：原来猎狗们需要养老保险。

这一次，猎人对自己的奖励制度再一次作出调整：他规定了每只猎狗每月的任务量，如果每月抓到的兔子量超过任务量，那多余的兔子量将会作为储备储存到猎人为猎狗建立的账户上，这样一来，如果哪天猎狗跑不动了，它就可以从这个储备账户上提取骨头。这个新的政策再次刺激了猎狗，他们又开始努力为自己储备任务量。

但是一段时间之后，又一件意想不到的事情发生了：一些优秀的猎狗竟然逃离猎人的束缚，自己抓兔子去了。这使猎人有些着急，难道是奖赏的力度不够？于是，他把“优秀猎狗”的奖励标准提高了2倍，这一招收到了立竿见影的效果。但没过多长时间，离开猎人去抓兔子的优秀猎狗一下子增多了许多。

猎人意识到猎狗正在流失，并且那些流失的猎狗开始和自己的猎狗抢兔子。情况变得越来越糟，猎人很无奈，他找到那些离开的猎狗，问它们这一次又是为了什么要离开。

其中一只猎狗对猎人说:“我们努力抓兔子，只能得到几根骨头。而我们自己抓兔子，还能吃到肉，那我们为什么不自己去抓兔子呢？”不过，这个猎狗也同时表示：“也不是所有的猎狗都能顿顿有肉吃，有时候抓不到兔子的最后连骨头都没得吃。”

于是，猎人进行了改革，使得每条猎狗除基本骨头外，还可以从抓到的兔子中提成兔肉。而且这个提成会随着贡献和时间递增，这样一来猎狗们也能吃上兔肉了。既有保障的骨头，又有兔肉吃，猎人的这个决策出来后，流失的猎狗们纷纷要求重归猎狗队伍。

同时，为了增强猎狗的归属感，猎人又专门成立了猎狗股份公司。他给所有参与抓兔子的猎狗都分配了股份，于是每个猎狗都成为了猎人的管理人员。猎人的这一招相当有效，猎狗们将猎狗公司完全当成了自己的家。从此以后，再也没有猎狗主动离开。

猎人通过让利给猎狗，最终让猎狗们安心为自己服务。

猎人与猎狗在不断的博弈中，实现了利益的一致。猎狗们之所以愿意服务于猎人，其根本就在于猎人将自身的利益让利出来。猎人的收益来自于猎狗，他从猎狗的工作中获益，为了能够留住猎狗，他懂得分享利益，互利让双方的合作持续稳定下去。

领导智慧

互利是合作稳定的根本，只有在互利合作中才会实现“共赢”。所以，领导者要向猎人学习，学会让度企业利益，与员工互利合作，这也是企业能够长久发展的关键所在。

用情感抓住下属“骚动的心”

要真正获得员工的心，管理者首先要了解员工的所思所想，进而满足他们内心的需求。从某种程度上来说，员工的心是“骚动的心”。员工的需求也随着人力资源市场情况的涨落和自身条件的改变在不断变化。

善于把公司看作大家庭的日本，很重视员工的婚姻大事。日立公司就设立了一个专门为员工架设“鹊桥”的“婚姻介绍所”。当新员工进入公司后，可以把自己的学历、爱好、家庭背景等基本情况输入“鹊桥”电脑网络。当某名员工递上求偶申请书，其他人便有权调阅电脑档案，申请者可以利用休息间坐在沙发上仔细翻阅这些档案，直到寻找到满意的对象为止。

一旦他被选中，联系人会将挑选方的资料传送给被选方，如果被选方同意见面，公司就会为两方安排约会。约会后双方都必须向联系人汇报对对方的看法。日立公司人力资源部门的管理人员说:“由于日本人工作紧张，职员几乎没有时间寻找合适的生活伴侣。我们很乐意为他们帮这个忙。”这样做能起到稳定员工、增强企业凝聚力的作用。

如果是公司内元老级员工的婚礼，“月老”会一手操办，而来宾中 70% 都是新婚的同事。员工感受到了家庭的温暖，自然能一心一意地扑在工作上。由于这个家是公司促成的，员工对公司就不仅是感恩，还油然而生一种鱼水之情。毫无疑问，这样的管理成效是一般意义上的奖金、晋升所无法比拟的。

利益杠杆虽然是管理上的一种重要平衡手段，但并不是万能的，需要在管理中注入情感成分。将企业培养为一个大家庭是一种“高情感”管理方式。企业未来所面临的竞争是激烈和残酷的，更需要这种“高情感”管理方式来凝聚人心，拢聚人才。

领导智慧

“高情感”的管理方式可将企业培养为一个大家庭，凝聚人心，拢聚人才。

荣耀面前，团队分享，团伙独享

在荣耀面前，假如主管是个喜欢独占功劳的人，相信他的员工也不会为他非常卖力。反之,如果主管能乐于和员工分享成功的荣耀，员工以后做事就会分外卖力，希望下次也一样成功。所以领导者正确的做法是与员工分享功劳，分享成功的幸福和喜悦。每个人做事都希望被人肯定，即使工作不一定成功，但始终是卖了力，谁也不希望被人忽视。一个人的工作得不到肯定，他的自信心必然会受到打击，所以作为主管，千万不能忽视员工参与的价值。

比如在某大公司的年终晚会上，老板特别表扬了两组业绩较好的员工，并邀请他们的经理上台发表感言。没想到，两位经理的表现形成了极大的反差。第一位经理好像早有准备似的，一上台就夸夸其谈，说起他的经营方法和管理哲学来。不停向台下员工暗示自己为公司所作出的贡献，使得台下的老板及他自己的员工听了心里都很不舒服。

与第一位经理不同，第二位经理一上台就感谢自己的员工，并说："我很庆幸自己有一班如此拼搏的员工！"最后还邀请员工一一上台接受大家的掌声。这使得台上台下的反应大大不同。像第一位经理那种独占功劳、常自夸功绩的人，不仅会使员工不满，就是老板也不会喜欢。第二位经理能与员工分享成果，令员工感到受尊重，那么他们以后一定会更加努力拼搏。其实老板心里最清楚功劳归谁，所以那不是你喜不喜欢与他人分享的问题。你是希望自己像第一个经理那样，还是像第二个经理那样？想必答案不言而喻吧！

领导智慧

与员工一起分享成功的喜悦和荣耀，会让他们意识到自身的价值。

“笼络”下属的技巧

一个成功的管理人，就应该点燃每位员工的热情，凝聚员工的共识和向心力，培养员工的“伙伴意识”。管理者的意图、决策，是否被下属心甘情愿地去执行，其中一个决定性的因素，就是你对他们的笼络程度如何。

希望别人怎样待你，你就要如此对待别人。什么使得你与众不同？你是否认为你比别人要强得多，所以要求与众不同的待遇？假若你有这种想法的话，那你最好改变一下想法，不然永远没有人会乐意跟随你。

在第二次世界大战期间，美国陆军集合了 61 位来自各个著名大学的心理学权威，从事一项特别研究。在他们做完研究以后，《战斗员心理学》发表出版了研究结果。研究中最特别的一项是：在美国陆军史上，首次有人问到士兵对好的领导的看法。

你想知道经过访问的数千名士兵心目中，良好的管理者是个什么样的人吗？回答得最多的一个要素是“了解下属的能力”。一位好军官应有了解下属的能力。那么其余出现得最多的 14 个要素是什么呢？排名第二、第四、第六和第七的要素都是有关待人的：关心士兵的福利，有耐心和能力将事情弄清楚，不会没有理由责罚人，你做得好会给予称赞。再下面才是体格，受过良好教育和勇气等。

想要把握下属的心理，其实只要有心，随时都有机会。因为我们的心随着工作或身体等状况，经常会产生变化。只要能敏锐地掌握下属心理微妙的变化，适时地说出适合当时状态的话或采取行动，就能抓住下属的心。

什么时候是抓住下属心的机会呢？

1. 下属有痛苦时

不管平常多么强壮的人，当身体不适时，心灵总是特别脆弱。

2. 替家人担心时

家中有人生病，或是为小孩的教育等烦恼时，心灵总是较为脆弱。应该要学习把婚丧喜庆当作是巩固票源机会的政治家之智慧。

3. 人事变动时

因人事变动而调到本部门的人，通常都会交织着期待与不安的心情。应该帮助他早日去除这种不安。另外，由于工作岗位的构成人员改变，下属之间的关系通常也会产生微妙的变化，不要忽视了这种变化。

4. 工作遇到困难时

因工作失误，或工作无法照计划进行而情绪低潮时，就是抓住下属心的最佳时机。因为人在彷徨无助时，希望别人来安慰或鼓舞的心比平常更加强烈。适时的慰藉、忠告、援助等，会比平常更容易抓住下属的心。

管理者平常就要收集下属个人资料，然后熟记于心。同时，管理者必须及早察觉下属心理状态。每个人都有可能犯错误，每个人都可能在人生的低谷中徘徊挣扎。关键时刻拉人一把，将使下属永远记住你的恩惠，更加努力地工作。

领导智慧……………………………………………………………………

关注下属的方方面面，做到有技巧的“笼络”，练就强劲的吸“心”大法。

同舟共济，患难见真情

领导者应学会处理危机。大多数企业一遇到经济不景气，就通过减薪及裁员来渡过难关，这种忽视员工欲求的做法，很容易浇灭员工的工作热情。

一旦受到了不景气的冲击，就把一切不利景况全都加给员工，这种做法无疑就是转嫁危机，消磨员工的斗志。博得人心的领导者不会因为一时的经济不景气而对员工“大开杀戮”，他们懂得患难见真情，只有同舟共济，才能共渡难关的道理。员工也会因此而对企业和领导者产生知恩图报、誓死效忠的良性循环。

IBM 的创立总裁华生先生，到 CTR（IBM 的前身）担任董事长时，首先面对的是资金的匮乏与人员的过剩。资金的匮乏问题依靠华生的信用，得到了摩根公司的融资，余下的就是人员过剩的问题。CTR 的主管都向华生先生提议以裁员渡过难关，但华生反对，他说裁员对公司而言是经营合理化不得已的政策，但对员工却是影响一生的问题。所以即便是人员过剩或人员的能力不足，都不能轻易裁员。华生从训练原先的员工做起，并未裁减任何一个人。

华生先生确立了如下就业保障方针：

启蒙公司员工；

工作的内容改变时，实施再放弃；

对现在从事的工作感到困难时，给予其他的工作机会。

但这并非表示 IBM 没有炒鱿鱼的事，只是说明在公司采取解雇手段之前不放弃任何机会再做最后的努力，为过剩的人员寻求新的工作机会。

日本松下公司的创立者松下幸之助先生即使面临经济不景气，也没有裁减一位员工，甚至没有削减员工工资，还是渡过了难关。他的做法与 IBM 公司的策略如出一辙。

在我们国内也有这样的案例。海尔集团在进行兼并扩张的时候，没有大幅度地裁减员工，而是对他们进行了大量培训和企业文化的再造，同样也取得了较好的成果和效益。

德之大者，莫过如此。一个企业有了真正关心职工利益的领导者，哪个职工能不心感动之，力奉献之，为之拼搏，为之努力！危机是检验领导者能力的有力尺度，是一块试金石，庸者落马，能者上马。只有率领员工冲破层层危机、拨云见日的领导者，才会得到员工的崇敬和仰慕，才会成为一面永不倒的旗帜，才能偕全体员工创造一个又一个成功的辉煌。

领导智慧 ……………………………………………………

面临企业危机，更要齐心协力共渡难关，不轻言放弃一人。压力之下，公司团队用最大力量反弹困难。

努力营造员工的归属感

在企业这个大家庭中，老板与员工之间的“和亲一致”是企业发展的内在动力。老板要承认和尊重员工的个人价值，培养员工对企业的认同感、归属感，要对员工处处表现出关怀，这样才能赢得员工的爱戴。老板要利用各种时机与员工进行情感上的沟通，从而创造出和谐的企业环境。

现代的领导典范强调领导者要制定政策，并要激励员工的工作情绪。当了解到员工有被调动积极性的愿望时，可以让出一些行动的所有权，给那些实际需要负责的员工们。

公司的员工从领导那里深刻地学到了他们该做的事。他们在此学会了对更多的战略性决策负责，改变了旧有的工作传统，建立了新的团队工作标准。从凡事听命上司的团体，成为能独当一面的得力助手，这一结果是整个团队在进步。

失职的领导都没有这一能力和气量，他们把下属看成是私有财产，让他们从事不应从事的杂事，不给他们进步和进修的机会。这样做的结果是，部门生产力突然下降，在这个部门的所有员工，甚至这个组织的实际掌权者，都把自己的智力资源留了一手，企业走向滑坡已经是必然的了。

领导者要能够大胆地承担责任，能够做到不屈服于舆论的压力，若能够经得住压力的考验，不仅证明他的精明强干，而且由于有一批杰出人才的出现可使事业的损失减少到最低限度。所以，能够领导一些有主见的下属，能够从容驾驭他们，所在的组织必定欣欣向荣、蒸蒸日上。否则，公司也就无振兴可言。

领导者表现出自己的魅力，做一个优秀的领头人，然后让员工有一种大家庭的归属感，企业工作氛围比较和谐，可以更大限度地激发员工发挥才智，为组织创造一个全新的局面。

领导智慧……………………………………………………………

身为老板，要懂得以“和”用人，让人际关系和公司氛围都处于和谐之中，加强团队的粘合力和整体性，激发员工大家庭的归属感。

帮下属确定工作目标

帮助下属确立目标是调动下属积极性的一个重要方法。确立目标有令人意想不到的奇效，它会引导下属走向他们想达到的目标。如果人没有目标，就时时需要别人的激励。一旦有了目标，便会激励自己，自动自发地去做应该做的事。

有效率的团队必须具有一个大家共同追求的、有意义的目标。由于它的存在，使员工认识到这是“我们的团队”，而不是“他们的团队”，而且知道“我们要创造什么”，从而能够为团队成员指引方向，提供推动力，让团队成员愿意为它贡献力量。马斯洛晚年从事出色团队的研究，结果发现它们最显著的特征就是具有共同的目标。他观察到：一个出色的团队，任务与员工本身已无法分开，或者应该说，当个人强烈认同这个任务时，定义这个人真正的自我，必须将他的任务包含在内。

因此，领导者如果想让自己的下属积极高效地投入工作，就应当帮助下属确定工作目标，为他们构筑一个充满刺激而又富有吸引力的未来。

企业无论规模大小，属于什么行业，都会设立销售额、生产量等目标，并倾力获得必要利润。我们常常可以听到“本季度 ×× 产品的销售额目标 500 万”这样的话。一个出色的领导者能够将企业整体目标予以细分，对分店、部门等下层组织给予一定标准，最后决定每个下属的目标。

领导者应当注意，下属的目标不可强行制定，最理想的方式是以整体目标为依据，由下属在一定范围内自行决定目标。因此，领导者首先必须对下属详细说明整体目标的前瞻性与妥当性，以此为基础，再促使下属根据自己的能力与意愿建立个人目标，但是此项目必须有明确的根据。

不管是多伟大的目标，不将事实等列入考虑，最后仍是美梦一场。必须将过去的实力与未来的展望等作全盘性的考虑，再制定一个具体的、力所能及的目标。把广泛的方向性的团队目标转为可以衡量的、具体的、现实可行的具体目标，是团队要使共同目标对其成员产生意义的最重要的一步。具体目标会使个体提高绩效水平，也能使团队充满活力；具体目标可以促进团队的沟通，还有助于团队把自己的精力放在有效的成果上。

领导智慧

给下属指出目的地，让下属自己选择前往的道路。从大局出发，让他们有效地行动起来。

引导下属奔向共同目的

一个企业领导者的梦想不管如何伟大，假如没有下属的认同与支持，梦想依然只是梦想。领导者要赢得发号施令的拥戴就要认同下属的感受，找出他们的渴望，引导下属奔向共同的目的。一位知名的企业家曾经说过：“假如说领导者需要具备什么特殊天赋的话，那就是感受他人目的的能力。领导者只有凭借了解下属、倾听他们、读懂他们、采纳他们的建议，才能够说得出下属的感觉，能够站在他们面前，信心十足地说‘这就是我所听到的你的愿望，这就是你的需求与抱负，只要你跟着我朝着正确方向走，这一切就都能在我们共同目标的实施中获得实现。’”

大量的有关成功企业领导者的研究表明：比较完美的领导者能善用人类对满足的向往，使得每个人都能了解在创造的过程中自己所扮演的角色，并让他们知道哪里有鱼，到哪里去钓鱼，怎样才能钓到鱼。当领导者清楚地勾画出一个公司共有的远景时，也就使那些要实现它的人变得更为勤奋。换言之，有助于振奋人们的精神。

著名管理咨询专家彼得·德鲁克说过，“一个成功的企业领导者对领导艺术往往有更新更深的领悟。在他们那里，领导才能就是影响力。真正的领导者是能够影响别人，使别人追随自己的人。他能使别人参加进来，跟他一起干。他还能鼓舞周围的人协助他朝着他的理想和目标迈进。”

在现实生活中，人们确实想有所奉献，只要有个共同的理由、召唤、任务、目的、展望或远景使他们结合在一起，他们就能完成非比寻常的伟业。正如彼得·圣吉在《第五项修炼》书中所说的：“这是人们心中的一股力量，一股不容忽视的力量……几乎没有任何力量，会像共同的远景如此锐不可当。”

最令人钦佩的领导者是那些有热情、步伐有力、态度积极的领导者，他们相信自己是在参与一次生气蓬勃的旅行，在他们身上人们会时常感受到一种活力，即使他们是在工作之余也不例外。下属们更愿意追随“能做事”的领导者，而不是那些总是辩解事情为什么不能做的人。一个优秀的领导者总是相信能够做成事，而且他从不说“不可能”。他们会传达给每个跟他见过面的人一个只要他们想要就可以办得到的信息。

领导智慧

真正的领导人用双手描绘出未来的美好蓝图时，也会带领着员工用双脚一起走出一条路。

第六章

我无为而民自化

管头管脚，但不要从头管到脚

我国历史上著名的皇帝唐太宗不仅是一个善于听从下属劝诫的明君，还是一个善于“垂拱而治”的皇帝。他听从了魏徵的谏言，把那些琐事都交给有这方面才干的人去做，自己则只负责制定国家的大政方针，从而开创了唐朝前期辉煌的局面。

一位非常认真负责的领导，每次分派工作，从开始到结束，事无巨细，指示得非常具体详细。如布置会议室，放多少把椅子，买多少茶叶、水果，会标写多大的字，找谁写，用什么纸，等等。开始下属尚能接受，时间一长，大家就不太情愿了，感到他跟个喋喋不休的老太太一样，管得太细、太严了，别人一点权力都没有，挺“没劲”，有时他的主意并不高明，但他是领导也得照办。

其实，有很多事只要告诉下属事情的结果就可以了，不必告诉全过程。如让下属推销一批商品，领导者只要告诉他销售定额和经济合同法的一些知识就可以了，没必要告诉他到哪家商店去，进门怎么说，出门怎么道别。叫下属编制一套管理软件，只提要求就可以了，没必要告诉他使用哪种语言、怎么编。管理到一定程度就可以了，过度的管理反而弄巧成拙。

领导者如果什么事都自己动手，不仅会使下属变得过分依赖，挫伤他们的积极性，还会使自己陷于众多琐碎的事情中而不能专心于那些比较重要的事情。当然，领导者不要事必躬亲，不是说领导者不能干具体的工作，领导者适当地干一些事情，有助于加深与下属的感情，并从中汲取智慧和营养。但在这中间要保持一个度，“大事小事亲手干，整体忙得团团转”的领导者，只能算是一个劳动模范，而不是一位称职的领导者。领导者最主要的工作是运筹帷幄，他应该做的事情应该是那些下属干不了的事情或突发的、非常规的事情，而不是替下属操办所有的事情。一个优秀的领导者最大的优点就是能够运筹帷幄，发动别人做事，而不是什么事都要干涉，对下属从头管到脚。

领导智慧……………………………………………………

事必躬行，不仅会让管理者身心疲惫，还会打击到员工的积极性。管理者应该学会放权，激发员工的潜能。这样不但能减轻自身的负担，更增强了员工的参与度，有利于企业的长足发展。

不可迷恋冰冷的上下级关系

很长时间以来，人们只强调外在的制度对于人本身的约束作用，因为人们相信，只要在一个健全完善的框框下，大家就能各司其职，卖命工作。当现代管理制度完善后，在以名利为根本驱动力的作用下，弱肉强食显得天经地义。但是它带给人们的是一种深深的内伤，一种对于世事的无奈和隐忍。

这一点在福特汽车的兴衰上体现得十分明显。亨利·福特是美国汽车业的一面旗帜，他改变了美国人民的生活方式，是美国人民的英雄，被誉为“20 世纪最伟大的企业家”。

但是，福特在管理上的专制和他与员工之间的对立状态，却使得他的企业蒙受损失。福特有一个错误的观念，在他眼里员工无异于商品，对于不服从命令的员工可以随时扔掉，反正只要出钱，随时能够再“买进”新的员工。

从 1889 年开始，福特曾经两次尝试创办汽车公司，但最终都因为管理出问题而失败。1903 年，福特与其他人合作创办了美国福特汽车公司，后来，福特聘请了管理专家詹姆斯·库茨恩斯出任经理。在詹姆斯的卓越管理下，1908 年，独霸天下的福特 T 型车诞生了。随后，T 型车极其迅速地占领了汽车市场，而福特汽车公司也一举登上了世界汽车行业第一霸主的宝座。

成功和荣誉使福特变得更加傲慢无礼，他认为自己的所有员工都只是花钱雇来的，所以员工假如不绝对服从自己，就只能让他离开。直到 20 世纪 20 年代，在近 20 年的时间里，福特公司只向市场提供单一色彩、单一型号的 T 型车。

他的销售人员多次提出增加汽车的外观色彩，但福特的回答是："顾客要什么颜色都可以，只要它是黑色的。"因为不愿适应市场需求去改动自己的汽车设计，福特公司就这样停止了前进的脚步。因为福特的独断专行，员工也都纷纷离职，最后连库茨恩斯也无奈另觅他处。1928 年，亨利·福特为他的独断专行付出了巨大的代价，福特公司的市场占有率被通用汽车公司超越。

制度是冰冷的，行政命令是呆板的，上下级关系是产生距离的。因此，企业管理者在领导员工的时候，不能因为自己处于领导者位置而表现出居高临下、高傲自大，不能依赖制度的框架而使下属觉得管理缺乏感情，不能片面地依靠命令而使下属产生束缚和限制，不能因为上下级关系而使员工产生距离感；否则，团队将会层出不穷地产生问题。

领导智慧……………………………………………………

领导者应该加强同下属之间的联系，让下属能够时刻感受到领导对他的关怀，这样不仅能使公司的氛围变得融洽，也能为领导者自己培养一批忠诚的下属。

好的领导者如空气

最好的领导方式应该是空气式的领导。空气看不见摸不着，所以不给人没有意义的压力，正如好的领导给员工的压力是生活所必需的压力，是员工自我鞭策自加的压力；但空气却无处不在，人们离不了空气，当一个领导使企业离不开时，说明了领导对公司发展的价值。领导的思想、理念，所传递的制度规范也要弥漫在企业的每个角落，能达到这种境界的领导才是真正高明的领导。

美国纽约有一家动物园，动物园因为人手不够，就从社会上招聘了一批饲养员。其中有一位特别爱干净，对小动物也特别有爱心，所以他每天都把小动物的屋子打扫得干干净净。可是事与愿违，那些小动物一点也不领他的情，在干净舒适的环境里，他们都慢慢变得萎靡不振，有的生病，有的厌食，一个个日渐消瘦。

到底是什么原因呢？原来那些动物都有自己的生活习性，有的喜欢闻到那混浊的骚气，有的看到自己的粪便反而感到很安全。只有尊重它们的生活习性，它们才会健康成长。

这个故事对于企业管理相当有寓意。有效的管理必须针对组织内个体的需求，包容个体的差异性，并在此基础上灵活应对、多元管理,从而达到一个“和”的团队氛围。假如像故事中的饲养员那样，无视员工个体的差异，一味追求看似完美的统一，那么这样的组织最终一定会因抹杀了个体的个性而导致解体或僵死。

领导智慧 ……………………………………………………………………

江海所以能够成为百川河流所汇往的地方，是由于它善于处在低下的地方。一个企业里员工形形色色，这就要求领导者必须宽容待人，容纳对方的缺点。通常，领导人者的胸怀和视野决定了他在企业治理上能够走多远。

别让员工因你的责备而如坐针毡

《老子·道德经》中说："夫佳兵者，不祥之器，物或恶之，故有道者不处。"这句话的意思是兵器是不吉祥的器具，连鬼神都厌恶它，因此有道的人远离而不用。这个思想对于今天的管理者来说，却有着不同的意义："责备"并不是有效领导的最好办法，如果随意滥用职权去责备、惩罚员工，不仅会滋长管理者的骄纵情绪，而且会极大地伤害员工的感情，使自己变成一个失去民心的"暴君"式领导者。

当员工做错了某件事的时候，公司管理者的指责可能是必要的。然而，并不是所有的批评都可以达到这样的目的，因为批评和被批评的过程通常不是在平心静气中进行的，并且当员工遭受到过多批评时情况更加糟糕。英国行为学家 I.W. 波特说过："当遭受许多批评时，下级往往只记住开头的一些，其余的就不听了，因为他们忙于思索论据来反驳开头的批评。”所以说，公司管理者整天把员工的某个错误挂在嘴上，反复唠叨，这对员工来说是一种无形的压力，不仅不利于员工自身的发展，也会使领导者的形象大打折扣。

人有被赞扬、被肯定的心理需要，最佳工作效率来自高涨的工作热情。在员工认识到自己的错误后，公司管理者应该立即结束批评。一般情况下，表扬、激励员工效果可能比批评更好。在对员工提出批评的时候，最佳效果是让员工感到他们的确从批评中学到了什么才可以。要着力去培养员工一种“对大局有利,对公司发展有利”的好思维方式。因此，作为公司管理者，要做的就是像对待朋友一样去对待员工。

闻名于世的洛克菲勒告诉世人，他成功的秘诀不完全只是依靠自己的“吝啬”，更重要的是他从来不会在员工犯错之后，只是盯着他们的错误没完没了地大加指责。爱德华·贝佛是洛克菲勒的一位生意合伙人，由于一时大意，爱德华·贝佛在南美经营一桩生意时出了差错，使公司在一夜之间损失近百万美元。差不多所有的人都认为，贝佛一定会遭到洛克菲勒的痛斥。没想到最后洛克菲勒只是对他说：“恭贺你保全了我们全部投资的60%，这很不错，我们没有办法做到每次都这么幸运。”

领导智慧……………………………………………………………………

责备只会加重员工的心理负担，他们会因为你的责备而如坐针毡，对待下属的错误，应该以开导和劝诫为主。

因势利导才能激发出下属的潜能

有这样一个浅显的道理：木头和石头的特性是放在平坦的地方就安稳，放在陡斜的地方就容易滚动，方形的就稳定，圆形的就易滚动。而善于因势利导的将帅指挥作战，就像滚动木石一般，所造成的有利态势，如圆石从几千尺的高山上飞滚下来，不可阻挡，这就是所谓的“势”。

曾兴盛一时的日本理工公司，突然之间生意冷清，毫无盈余，但仅仅 3 年之后，公司又再次强盛起来，在这个由衰转盛的过程中，领导者因势管理员工起了关键性的作用。

一开始，理工公司的老板村清就把公司重建的责任，交给一群 30 岁左右的有活力的年轻人，这样就能充分调动他们的积极性。村清在发表经营计划的同时，也宣布了年内薪水提高 2 倍，希望扫除员工们萧条时期遗留的失望心理。

调薪就是为了激起员工的工作士气，事实证明这个办法果然非常有效。原来对于调薪之事半信半疑的员工，突然之间也士气高昂，工作充满了干劲，将原来低沉的气氛一扫而空。

实际上，员工的工资在两年内只调升了 30％左右，但员工的愿望多数已经得到了满足，从而改变了他们对待工作的态度。然而好景不长，由于上调薪水损害了股东的利益，引起有往来业务的银行的抗议，但是村清仍毅然决然地继续对员工履行加薪的承诺。因为他知道，如果此时停止加薪，那么他刚刚调动起来的员工的激情将白白浪费掉。他始终坚信只有把握住员工焕发出来的力量，才能管理好公司，才能激发出员工的热忱。

因势管理的前提是能在下属中创造出这种“势”能，然后投其所好，以此鼓励员工发挥自己的余力，达到干出新成绩的目的。因势利导才能因势而成,这里最关键的是不能中途改变,热情方能持久。

领导智慧……………………………………………………………

在企业管理的过程中，善于利用“势”对员工进行因势利导，通常能够使下属焕发出惊人的力量。

管人不如管心

大名鼎鼎的西门子公司有个口号叫作“自己培养自己”。它是西门子发展自己文化或价值体系的最成功的办法，反映出了公司在员工管理上的深刻见解。和世界上所有的顶级公司一样，西门子公司把人员的全面职业培训和继续教育列入了公司战略发展规划，并认真地加以实施，只要专心工作，人人都有晋升的机会。此外，西门子还把相当的注意力放在了激发员工的学习愿望、引导员工不断地进行自我激励、营造环境让员工承担责任、在创造性的工作中体会到成就感等方面，让员工能和公司共同成长。

云南某化工公司是我国的一家知名企业，它有着 30 多年历史，是磷肥行业中的知名企业，该公司现有员工 1600 多名，2004 年销售收入为 15 亿元。之所以有如此卓越的成绩，是因为从 2003 年起，公司就开始推行自我管理的“诚信自律”班组活动，强调给予员工足够的信任和尊重，让班组和员工自愿提出申请，在安全生产、劳动纪律、行为规范、现场管理、生产技能提高等方面进行自我管理，员工自己制定各项行为准则和规章制度，并签署承诺书，自己说到的就要做到，同时自觉改正错误行为，不断提高管理水平。该公司董事长如此说：“推行诚信自律班组，有助于增强管理者与员工的相互尊重和信任，进一步改善公司员工的工作氛围，降低管理成本，从而提高工作的效益。”

这两个案例有效地说明了“道之以政，齐之以刑，民免而无耻；道之以德，齐之以礼，有耻且格”这个道理。对于管理者而言，员工的自我约束力是最好的管理制度，是企业事半功倍的法宝。当然了，员工自我管理虽然是一种切实可行的积极的目标，但要真正做到却非常不容易，不仅需要领导者和管理者具备帮助、引导、培训的种种技巧，还需要极大的热情、耐心，以及正确的信仰。

领导智慧……………………………………………………………………

事实证明，最有效并持续不断地控制是触发个人内在的自我控制，而不是强制。

三个臭皮匠赛过一个诸葛亮

中国有句谚语“三个臭皮匠赛过一个诸葛亮”，臭皮匠常有，而诸葛亮不常有，所以我们在现实的管理中要善于采纳众人的意见，以达到集思广益的效果。

在通用电气公司里，每年约有 2 万 ~ 25 万名员工参加“大家出主意”会，时间不定，每次 50 ~ 150 人。在这个大会上，主持者通过引导大家坦率地陈述自己的意见，及时找出生产上存在的问题，以便改进管理，提高产品和工作质量。

每年 1 月，公司的 500 名高级经理在佛罗里达州聚会两天半；10 月，100 名主要头头又开会两天半；最后 30 ~ 40 名核心经理则每季开会两天半，集中研究反映的问题，作出准确而又及时的决策。

当基层召开“大家出主意”会时，各级经理都要尽可能下去参加。韦尔奇带头示范，他常常只是专心地听，并不发言。开展“大家出主意”活动,给公司带来了生气,取得了很大成果。如在某次“出主意”的会上，有个职工提出，在建设电冰箱新厂时，可以借用公司的哥伦比亚厂的机器设备，哥伦比亚厂是生产压缩机的工厂，与电冰箱生产正好配套，如此“转移使用”，节省了一大笔开支。这样生产的电冰箱将是世界上成本最低的、质量最好的。

开展“出主意”活动，除了在经济上带来巨大收益之外，更重要的是使员工感到自己的力量，精神面貌大变。经过韦尔奇的努力，公司从1985年开始,员工减少了11万人,利润和营业额却翻了一番。

从通用电气这个“出主意”活动我们可以看出，那些很有见地的意见并不是都来自于公司高管。所以公司里的每一个人都应该有发言权，集众人之长才能为企业不断地注入新的活力。

领导智慧

领导者要善于采纳众人的意见，让公司里的每一个员工都有发言权，集众人之智来使公司不断发展壮大。

最好的管理是没有管理

武术界经典传言：“无招胜有招，最厉害的招式就是没有招式。”综观优秀企业的管理模式和经验，尽管它们拥有着最为完善的制度体系和文化体系，但它们对管理的终极追求是最好的管理就是没有管理，从而使各项制度形同“虚设”。

在德国的主要航空和宇航企业MBB公司，可以看到这样一种情景：上下班时候，员工把专门的身份IC卡放入电子计算器，马上显示当时为止本星期已工作时间多少小时。MBB公司允许员工根据工作任务、个人方便等与公司商定上下班时间。原来该公司实行了灵活的上下班制度，公司只考核员工工作成果，不规定具体时间，只要在要求时间内按质量完成工作任务就照付薪金，并按工作质量发放奖金。这种灵活机动的工作时间，不仅使员工免受交通拥挤之苦，还使他们感到个人权益受到尊重，从而产生强烈的责任感，工作热情也有所提高，公司因此受益匪浅。

法国斯太利公司也同样摒弃了条条框框，对员工实行非常人性化的管理。该企业根据轮换班次的需要和生产经营的要求，把全厂职工以 15 人一组分成 16 小组，每组选出两名组长：一位组长负责培训，召集讨论会和作生产记录；另一位组长负责抓生产线上的问题。厂方只制定总生产进度和要求，小组自行安排组内人员工作。小组还有权决定组内招工和对组员奖惩。企业的这种放权行为，不仅没有耽误生产，还使得该公司的生产力激增，成本明显低于其他企业。

从这两个例子我们可以明显看出，企业通过实行人性化的管理，不仅能加强员工的自我认同感，也能加深员工对企业的忠诚度，使员工具备强烈的主人翁责任感，最终达到工作上的高效率、高质量。

领导智慧

不以实质的压力把员工当作牙膏挤，而是以人情味十足的管理来打动员工的心，牵引出他们心中的感动和共鸣，自发地贡献出自己的力量。

让员工实现自我管理

管理者和员工就像一对天生的“仇敌”，他们似乎处在矛盾的对立面，永远无法调和。在工作中，大多人都抱怨过老板忽视自己的意见，用指挥、命令的方式来行使领导的权力，甚至经常无情地批评与训斥下属。而同样，老板对员工也经常感到不满意，他们认为员工不服从管理、不遵守制度、生产技能不够、懒惰、效率低下等。对于这种冤家似的矛盾，美国学者肯尼思·克洛克与琼·戈德史密斯曾在合著的《管理的终结》中分析指出，管理的终结不应是强迫式的管理，即利用权力和地位去控制他人愿望，而应是“自我管理”。

许多企业在推行人本管理的过程中花费了大量的时间和精力，效果却不甚理想。为什么呢？就是没有紧紧抓住最为关键的那个部分——帮助和引导员工实现自我管理。因为，现代企业的员工有更强的自我意识，工作对他们来说不仅意味着“生存”，更重要的是，他们要在工作中实现自己的价值。一个公司管理者，假如没有认识到这一点，那就无法赢得他的下属，他的公司也同样无法获得成功。

戴明博士是美国管理界的权威，曾被誉为“质量管理之父”。他曾经讲过这样一个案例：一个日本人受命去管理一家即将倒闭的合资美国工厂，他只用了3个月的时间就使工厂起死回生并且赢利了。为什么呢？原来道理很简单，那个日本人解释道：“只要把美国人当作是一般意义上的人，他们也有正常人的需要和价值观，他们自然会利用人性的态度付出回报。”可见，真正的“人性化管理”，是帮助和引导员工实现自我管理，而并不是要求员工完全按照已经全部设计好的方法和程式进行思考和行动。

领导智慧……………………………………………………

领导者不应该做一面镜子，而是要让每个员工自己心中有一面镜子。要做的不是尽力去督促和监视员工的一举一动，而是应该诱发他们心中的自主能力，心甘情愿地管理和约束自己。

管理上切忌个人英雄主义

在楚汉争霸中，刘邦之所以成功而项羽之所以落得乌江自刎，其实与两人在管理上的不同方法大有关联。刘邦最大的优点就在于善于听取下属的意见，从而能把握决策的最佳时机。与刘邦相反，项羽最大的弱点恰恰在于不愿听从下属的意见和建议，常常喜欢自己独断专行，有严重的个人英雄主义倾向。

当年项羽在鸿门摆下了鸿门宴，邀请刘邦赴宴，这应该是消灭刘邦的最好时机，但是他又犯了严重的个人英雄主义错误，从而错失了大好的时机。

在宴会前，他没有进行周密的部署，也没有与大家进行很好的商量，更没有在自己的高级将领中统一思想，达成共识，以致项伯和自己左右手重要谋士范增做出了不同的反应。尽管范增再三举起了自己的佩玉，暗示项羽要下定决心，机不可失，时不再来。但是，项羽始终犹豫不决，认为在此时刺杀刘邦不是一个英雄所应该做的。范增发现项羽下不了决心，就私自找了项庄进入酒宴，以舞剑为名借机刺杀刘邦。然而，由于事先没有统一思想，达成共识，结果项羽集团的另一个重要人物项伯站出来，破坏了这一次的刺杀行动，为了保护刘邦，项伯也拔出了自己的佩剑与项庄一起对舞，最终使刘邦全身而退。项羽的独断专行使其失去了灭掉刘邦的最好机会。

通过以上的事例，我们可以明白一个道理——个人英雄主义是难成大事的。

领导智慧

不管一个领导的个人能力多么强，要想保证自己的集团的目标可以实现，保证自己的集团利益，就必须在重大的事件上面与自己的搭档和员工达成共识，广泛听取各方面的意见。

让下属参与管理工作

韩国一家工厂，为了进一步加强工厂的凝聚力，培养员工的主人翁意识和责任感，实行了一项独特的管理规定，即让员工轮流当厂长管理厂务。

工厂每逢星期三就由一名基层员工轮流当一天厂长，负责管理工厂的业务。“一日厂长”上午 9 点上班，听取各部门主管的简单汇报，对整个工厂的经营情况有个全盘的了解，然后陪同厂长到各部门、车间去巡视工作情况。这样做，不仅让一日厂长熟悉其他部门、车间的业务，还可以开拓他的视野，了解工厂、车间之间相互协调的关系，以便自己更好地加强合作。

一日厂长可以对企业管理提出自己的看法，也可以对企业提出批评意见，并详细地记载在工作日记上，让各部门相互传阅，各部门有则改之、无则加勉。改进工作的部门要在干部会议中提出改进工作的成果报告，只有当干部会议认可后才算结束。

一日厂长有处理公文的权力，对各部门、车间主管送来的公文，他按自己的意见批示后，交送厂长酌定。一日厂长制经过一年多的实践，该厂的员工有 40 多人当过厂长，共节省了成本 200 万美元，收到了显著的实效，工厂把这部分钱作为奖金发给全体员工，又一次增强了大家精诚合作的向心力，令同行羡慕不已。

让下属参与管理工作，可以提高他们的主人翁意识和工作热情，这既是一种有效的激励方法，同时也是提升组织凝聚力，鼓舞员工士气的重要途径。

领导智慧

让下属参与管理工作不仅能够提高员工的责任感，而且还可以鼓舞员工士气，提高员工参与工作的积极性。

对待员工宜宽不宜严

员工在紧张状态下工作，工作效率一定会受到影响。公司管理者不是老虎，所以一定要摒弃老虎像，不要让员工在你面前忐忑不安，如坐针毡。企业管理者不应该使员工长期处在很大的压力下工作，而应设法调动其积极性，使其把工作当成一种享受，主动、快乐、创造性地工作。

一家著名的制药工厂召开管理人员会议，会议的主题是“关于人才培训的问题”。会议一开始，总经理就用他那铿锵有力的声音提出意见：“我们公司根本没有发挥人才培训的作用，整个培训体系如同摆设，虽然现在有新进员工的职前训练，但随后的在职进修却成效甚微。员工们只能靠自己的摸索来熟悉自己的工作，因而造成公司的员工素质普遍低下、效率不高，很难与公司的发展需要相适应。”总经理的话让大家觉得很不安。这个会议本来是为了讨论如何改进培训制度的，但是由于总经理一上来就责备大家，所有参会的管理者都明哲保身，集体保持沉默。

最终这个会议没有结果。

几日后，公司副总经理重新把公司管理人员召集在一起。他并没有向总经理那样采用责备的口气，而是用一种协商的语气同大家沟通。他说：“这半个月我对公司的员工培训进行了抽样调查，结果发现它真的没有发挥其应有的功效。所以，今天召集大家开会是想讨论一下如何改变目前人才培训的方法。请大家集思广益、畅所欲言吧！”

副总经理的话一出口，大家就你一句、我一句地提建议，会议很快形成了改进决议。

领导智慧

领导者在同下属进行交流时要表现得平易近人，营造一个宽松的工作环境，而不是摆出一副严肃的样子，这样容易打击员工的积极性。

好员工不是管出来的，而是赞出来的

大量的事实告诉我们，硬性规章制度往往达不到企业管理者的预期效果。

通过对成功企业管理经验的调查发现，好员工不是管出来的，而是赞出来的。赏识是比“管”要好的一种员工管理方法。

不论是身居高位的人，还是地位卑微的人，每个人都渴望得到赏识。

被人赏识总是一件令人愉快的事情。不论是刚大学毕业、上进心正强的青年人，还是晋升无望、即将离职的老人，当受到别人的赞美时，他都会精神愉悦。

那么，当提到赏识的时候，你会想到些什么？很多企业领导认为奖金、提拔、礼券、津贴、奖状等就是赏识。

但员工的看法并不完全是这样。员工们需要的是真正意义上的赏识。

因为那些所谓的“赏识”只能使他们看见作为赏识的载体，但却看不见给予他们赏识的本身。他们更注重这些手段所表达的含义而不喜欢这些手段只是敷衍的形式。

员工深信，心意最重要。所以，只有当赏识是有效赏识的时候，员工才会有高山流水遇知音的共鸣，才会产生那种“士为知己者死”的情怀，员工真正需要感受到企业对他们出色成绩的承认和对他们个人价值的由衷赞赏，这样才会振奋士气，提高工作效率。

所以说，领导者作为赏识的主体，应该培养良好的赏识习惯。

领导者应该以赏识的眼光来看自己的员工，在你的信任和尊重下，员工一定可以自律。这样不仅能够激发部属的积极性，也能够通过自己的言传身教和个人倡导，使公司的每一个成员都能够学会赏识，并且将赏识融入公司运作的各个方面，从而使公司内部形成和谐、宽容、协同的人际关系，降低由于人际关系紧张带来的各种不必要的成本，提高公司的工作效率和经济效益。

总而言之，只有领导的赏识预算越大，优秀的员工才会越多，团队的卓越程度也就相应地越高，企业的核心竞争力就越强。

领导智慧

领导的赏识能够激发部属的积极性，所以好员工不是管出来的，而是赞出来的。

第七章

圣人执要，四方来效

只需下达目标，不必布置细节

领导在实际工作中，只需向员工下达工作目标就可以，不必布置细节。比方说，让员工推销一批商品，只需告诉他销售份额和经济合同法的一些知识，不用具体到去哪家商店，如何攀谈。管理到一定程度就可以，过度的管理反而适得其反。

首先，过度管理不利于部属发挥积极性。解决问题的途径可以有 100 种，主管的方法不一定是最好的，或许员工有一套好方案，但主管早安排好了一切，也只能照办。员工失去了参与和挖掘潜能的机会，必定挫伤积极性，慢慢就会养成不动脑子、一切依赖领导的“阿斗”作风，失去想象力、创造力和积极性。

其次，过度管理不利于培养锻炼员工的工作能力。很多主管不信任部属的能力，担心员工办砸了事，左叮咛，右嘱咐。一般来说，主管的水平、工作能力要比部属高，指令也科学、合理。你过细的指令或许会使部属少走许多弯路，可部属体验不到通向捷径路上的荆棘坎坷，就得不到锻炼和提高。

领导的任务就应当是统领全局，抓紧大事，而不应将精力耗在细枝末节之上。海尔集团的总裁张瑞敏先生的做法就很值得我们借鉴。张瑞敏喜欢授权管理，习惯只出思路，具体细化则由下面的人去做。海尔各部均独立运作，集团只管各部一把手。集团先任命一把手，由一把手提名组建领导班子后，集团再任命副职和部委委员。一切配备完毕后，只有资金调配、质量论证、项目投资、技术改造这些大事由集团统一规划，其余各部由各部自管。

合理的授权是让领导做领导最该做的事，下属做下属最该做的事。正如韩非子所说“下君尽己之力，中君尽人之力，上君尽人之智”。一个优秀的管理者若想成为“上君”就一定要做好授权管理，不必事必躬亲，布置细节。

领导智慧

领导的任务就应当是统领全局，抓紧大事，而不应将精力耗在细枝末节之上。只需下达目标，不必布置细节。

大权独揽，小权分散

作为管理者，并不意味着他什么都得管，而应该是大权独揽，小权分散。做到权限与权能相适应，权力与责任密切结合，奖惩要兑现。

杜邦公司能在美国经济发展中占据举足轻重的地位，就是做到了大权独揽，小权分散。

19 世纪，杜邦公司实施的是单人决策式管理，领导者对公司实行强权控制，事无巨细亲自过问，为此还累死了两位副董事长和一位财务委员会议议长，使公司一度陷入危机，差点转卖给杜邦家族以外的人经营。

到了 19 世纪末 20 世纪初，杜邦公司决定抛弃单人决策式管理，实行集团经营模式，建立执行委员会。由于采取了新的措施，公司再度兴旺。但此时，杜邦公司依然属于高度集权式管理。

第二次世界大战之后，杜邦步入多元化经营阶段，但由于高度集权式管理的局限，多元化经营使集团遭到严重亏损。经过分析，杜邦实行了组织创新，由集团式经营向多分部体制转变，总部下设分部，分部下设各职能部门，这一时期，集权已开始向分权转变。

20 世纪 60 年代初，杜邦又面临一系列困难，危机重重。1962 年，被称为“危机时代领跑者”的科普兰担任公司第 11 任总经理。但是 1967 年底，科普兰把总经理一职让给了非杜邦家族成员的马可，这在杜邦历史上是史无前例的，财务委员会议议长也由他人担任，科普兰只担任董事长一职，从而形成了“三驾马车式”的组织体制。他说：“三驾马车式体制，是今后经营世界性大规模企业不得不采取的安全措施。”事实证明，科普兰的革新是非常成功的。

由此可见，大权独揽，领导者容易偏执和独裁，使公司陷入困境；将小权分散下放，善于分配工作，并进行有效地指导和控制，使下属有相当的自主权、自决权和行动权，是比较安全保险的管理模式。

领导者进行工作指派与授权后，对下属所履行的工作的成效仍然要负全部责任。也就是说，当下属没有做好指派的工作时，领导者将要承担其后果,因为前者的缺陷将被视同后者的缺陷。另一方面，为确保指派的工作顺利完成，领导者在授权的时候必须为授予权力的下属订下完成工作的责任。下属若无法圆满地完成任务，则授予权力的领导者将追究其责。

领导智慧

大权独揽，小权分散；绝不可权力集中，事必躬亲。管理者应该适时授予下属权力,善于分配工作,并进行有效地指导和控制，使下属有相当的自主权、自决权和行动权。

授权之后，仍应监督

企业管理者的授权，将权力下放给员工，并不意味着自己完全做个“撒手掌柜”,就可以对下放的事不管不问。授权要像放风筝一般，既给予员工足够的空间，让他拥有一定范围的自主权；同时又能用“线”牵住他，不至于偏离太多，最终的控制权仍在领导的把握中。

“撒手授权”必然引发企业运营混乱。经理人应该懂得，真正的授权就是让员工放手工作，但是放手绝不等于放弃控制和监督。不论是领导者还是员工，决不能把控制看作是消极行为，而是应该正确认清它的积极意义。控制员工和向员工授权，两者密切相连、相辅相成。没有授权，就不能充分发挥员工的主动性；没有对员工的控制，则不能保证员工的主动性一直向着有利于整体目标的正确方向发展。

领导智慧

让员工走自己的路，但是，那条路必须在管理者的视野里。

放权不是放任自流

早在 1996 年，美的就投入信息系统的建设，为美的提供一个数字化系统,实时地反映组织的运行状态,发现隐患后及时调整和控制。

但何享健并不依赖信息系统，他自己还有另一个多年经营留下的老习惯：定期到国内国外的市场去逛逛。虽然不直接插手一线的经营，但在市场考察时，只要发现了一些异常的信息，他回来就会安排相关的高层一起研讨，布置课题，寻找答案。

这显示了美的分权制度的另一面，重要决策权还是留在了集团总部里，因为何享健需要总部始终保持头脑清晰。随着美的业务规模的不断扩大，事业部总经理手里的资金审批权也不断放开，但是，在一些不属于事业部权限的方面，再小金额总经理也不能擅自决定。

比如说，美的的投资由集团统一管理，事业部的任何重大投资项目都要向集团申报，事业部总经理可以决定1000万营销计划，但是200万元以上的投资项目都要经过集团审批或审查备案，因为美的关于投资管理方面的权限在《分权手册》当中规定得十分清晰明确，大致可分为：生产性项目、基建项目、非生产性项目、IT项目，并且实行四级管理体系。

美的的战略决策分三个层面：集团负责最高层的集团战略，比如，美的未来5～10年内的业务发展方向，是专注于做家电，还是去发展其他的产业等。二级平台负责企业战略，在产业层面如何竞争，比如，制冷集团会考虑如何在未来提高冰洗产品的竞争力。三级单位则负责竞争战略，例如，具体产品的竞争策略、市场定价等。所有的投资决策权都是由总部集中控制，由战略管理部门负责。这个部门会综合审批美的的各种投资项目，考虑项目的适当性和回报能力。之后，他们会把整个分析报告提交给决策层定夺。

何享健既要当教练，又要做裁判。他既要充分放权，给年轻人施展才华的舞台，又要"兼听则明"，对各项议题进行判断。所以，放权是有约束地放，而不是放任自流，否则将适得其反，前功尽弃。

领导智慧……………………………………………………………………

一个企业有效地实施放权，就要先找到放任与信任之间的险要地带。同时，保障管理者要做个耳聪目明的旁观者，把保持各事业部头脑清醒的警醒能力留在总部，并针对现状不断调整权力的边界。

用而有度，授中有控

我国历史上有许多高明的君主，在用将上都实行："将在外，君不御。"可是，话虽这么说，实际上还是一种授权后的控制。越是这样，这些将帅就越要注意，越要经常汇报情况，而不能脱离领导。正如松下幸之助讲的"君不御"是有条件的，条件就是下属必须"坚持经营方针，有使命感"。《孙子兵法》中讲的"将能君不御"，"君不御"的前提也还是要"将能"。"将能"包括：一是有能力，有搞好工作的本领；二是能够自觉地以高度负责的精神把工作做好。领导者在授权前掌握住"将能"，实际上也就是掌握了授权后的控制权。一些领导者之所以在授权后显得很超脱，能够做到"轻松自如"，原因就在这里，因为他是在实行不控制的控制。

《韩非子》里有这样一个故事：鲁国有个人叫阳虎，他经常说"君主如果圣明，当臣子的就会尽心效忠，不敢有二心；君主若是昏庸，臣子就敷衍应酬，甚至心怀鬼胎，虽表现上虚与委蛇，然而暗中欺君而谋私利"。

阳虎这番话触怒了鲁王，阳虎因此被驱逐出境。他跑到齐国，齐王对他不感兴趣，他又逃到赵国，赵王十分赏识他的才能，拜他为相。近臣向赵王劝谏说："听说阳虎私心颇重，怎能用这样的人料理朝政？"赵王答道："阳虎或许会寻机谋私，但我会小心监视，防止他这样做，只要我拥有不致被臣子篡权的力量，他岂能得遂所愿？”赵王在一定程度上控制着阳虎，使他不敢有所逾越。阳虎则在相位上施展自己的抱负和才能，终使赵国威震四方，称霸于诸侯。赵王重用阳虎的例子给我们现代管理者的一个启示就是，领导者在授权的同时，必须进行有效地指导和控制。这样既可以充分地利用人才，又可以避免因下属异心而导致管理上的危机。

领导智慧

在管理中授权是必要的，但要看对象，领导者对下属的信任不应当是不加限制的。

政策制定要集权，执行可授权

集权是指一切决策权均集中在上级机关，下级机关必须依据上级的决定和指示行事；而分权是指下级机关在自己管辖的范围内，有权自主决定做什么和怎么做，上级不必加以干涉。当企业规模发展到一定阶段，规模与效率的冲突就变得日益明显。这时，集权还是分权就成了企业管理中一个复杂而艰难的问题。处理集权与分权的关系，既要防止“失控”，又不能“统死”。

集权与分权是一对欢喜冤家，既互相矛盾，又密不可分。怎样才能化解它们之间的恩恩怨怨，使之发挥最大的整体协调效应呢？

要达到这一目标，可遵循这样一条原则：政策制定上的集权和执行上的分权。

在现实的企业管理中，关于集权与分权的发展趋势是最大限度地放权，实行扁平化管理。其主要依据有以下几条：

（1）随着社会生产力的发展，世界产品市场正逐步由卖方市场向买方市场转移，市场需求向多样化、个性化方向发展，市场划分越来越细，企业对市场变化作出反应的时间要求越来越短，市场机会稍纵即逝；同时，企业作出正确决策所需信息量越来越多而且越来越详细，这就必然要求充分发挥底层组织的主动性和创造性，充分利用其自主权来适应他们所面对的不断变化的情况。

（2）如果决策集中在最高层组织，则传递有关决策的信息的成本会越来越大，所需时间会越来越长，不利于企业对市场需求变动快速作出反应。

（3）即使最高层领导的经验丰富，判断力极强，但如果决策职能过分集中，则会造成其负担过重，陷入具体事物不能脱身，也就没有时间作出更重要的决策。为了更好地适应市场，发挥多样化经营的优势，企业应该及时调整组织结构。

领导智慧

在处理集权与分权这一对矛盾时，要采取政策制定上的集权和执行上的分权，使之实现最大的整体协调效应。

放权有利于开发员工潜能

作为一名管理者，要正确地利用员工的力量，充分地相信自己的员工，给予他们充分的创造性条件，让员工感觉到领导对他们的信任。一个员工一旦被委以重任，必定会产生责任感，为了让领导相信自己的才干和能力去努力达到目标。

20 世纪 70 年代末，美国达纳公司成为《幸福》杂志按投资总收益排列的 500 家公司中的第二位，雇员 35 万人。

取得这一成绩的主要原因是作为该公司总经理，麦斐逊善于放手让员工去做，调动人员的积极性，提高生产效率。1973 年，在麦斐逊接任该公司总经理后，首先就废除了原来厚达 225 英寸的公司政策指南，以只有一页篇幅的宗旨陈述取而代之。

很多人反对他这样做，有人觉得有风险，毕竟政策指南是随着公司发展积累下来的，对公司业务的开展有着很好的指导作用。甚至有人当面对麦斐逊说："你不要期望所有的员工都像老板那样自觉工作。"

麦斐逊依然坚持自己的做法，在他的眼里，每个员工都是值得信任的。他发布的那份宗旨简洁干练，大意如下：面对面地交流是联系员工、激发热情和保持信任的最有效的手段，关键是要让员工知道并与之讨论企业的全部经营状况；制订各项对设想、建议和艰苦工作加以鼓励的计划，设立奖金。

麦斐逊的放手让员工自己以各种方式保证了生产率的增长。他曾经一针见血地指出："高级领导者的效率只是一个根本的标志，其效率的高低，直接与基层员工有关。基层员工本身就有讲求效率的愿望，领导要放手让员工去做。"

权力的下放可以使员工相信，他们正处在企业的中心而不是外围，他们会觉得自己在为企业的成功作出贡献，积极性会达到空前的高涨。得到授权的员工知道，他们所做的一切都是有意义、有价值的。

这样会激发员工的潜能，使他们表现出决断力，勇于承担责任并在一种积极向上的氛围中工作。

领导智慧……………………………………………………………

放权会激发员工的潜能，使他们表现出决断力，勇于承担责任，并在一种积极向上的氛围中工作，企业的目标会很快得到实现。

把任务授权给合适的人

企业管理的精髓之一就是分解工作，分配各种资源，把工作指派给最为合适的人。作为一个管理者来说，把任务授权给最合适的人是最重要的。用最简洁的话来讲这个观点，就是指管理者向员工分配一项特定的任务或项目，这个项目要从员工的兴趣、特长出发，最终保证被指派者能够顺利完成该任务。

有一个证券公司的经理曾经非常困惑，很多工作十分努力的员工，在接受他委派的任务后却不能圆满完成，这使他百思不得其解。

最终，一个离职员工的话使他茅塞顿开。

原来这个员工对他说："经理，我很喜欢咱们公司的工作环境和工作氛围，但是我发现这里的工作并不适合我。开始您让我去跑销售，别人很轻松就完成的任务，我很多天都无从下手。那个时候我非常不开心，觉得自己很笨，甚至非常灰心。后来一次偶然的机会，我进行了职业测评。测评的结果让我很惊讶，原来我不是比别人笨，也不是我不愿意干好，而是我在做一个不适合自己的工作。我以前一直在证券、期货、市场里面辗转，但是越干越不顺心。经过职业测评我发现，我是一个内向气质的人，与人沟通的能力和意愿较弱，回避失败的倾向非常高，而冒险和争取成功的倾向非常低，但是同时我处理细节的能力非常强。因此专家建议我应该去做财务、库管之类需要细心、操作性强的工作。所以我决定重新调整自己的人生。"

听完这个员工的话以后，经理顿时觉得如同醍醐灌顶。

他意识到：与这个员工选择职业一样，分配工作也是同样的道理。在分配给员工任务之前，我有必要对每个员工都有一个全面的了解。我需要了解员工属于哪一种特质，适合哪一类型的工作。性格活泼的人，适合有挑战性的工作；性格内向的人，适合稳定的工作；还有的人擅长与人打交道；有的则适合与物打交道。

造物者给了人类千千万万种性格，其中也含有一定的共性。按照这种共性分类分析，就能把工作分配给最适合的人了。

领导智慧 ……………………………………………………………

把任务分配到员工头上的时候，一定要考虑员工个人的意愿、兴趣和特长。只有把合适的任务分配给合适的人，才可能有最为完美的结果。

信任是关键

当一位领导懂得充分信任自己的下属时，下属们做起工作来就能最大限度地发挥自己的潜力。权力的下放可以使员工相信，他们自身与企业的发展息息相关。在这样愉悦、上进的氛围中，员工不需要通过层层的审批就可以采取行动，参与的主动性就增强了，企业的目标也会更快得以实现。

比尔·盖茨非常愿意给予员工充分的空间，发挥他们的最大作用和潜能。他说："我采取的领导方式就是放任，不用任何规章去束缚员工，让他们在无拘无束的信任氛围中，发挥每个人的创意和潜能。"他喜欢把复杂的事情简单化，因为他相信自己的员工都很聪明，他很信任员工，让员工自行作决策，如果有员工不守法，他会单独针对这个员工处理，而不是对所有员工都一视同仁。

盖茨的做法与微软特殊的历史、文化有关。早期的微软主要由软件开发人员组成，强调独立性和思想性，因此，微软的特点是"赋予每个人最大的发展机会”。微软在人才引进时标准很高，因此微软员工素质都非常高，员工在自主状态下彼此激发，使得整个团体的表现都极其出色。微软的员工有权对他们进行的工作作任何决定，因此他们的决策和行动非常迅速，工作非常有效率。信任员工，让员工放手去做，这也是微软始终保持成功的原因之一。

由此可见，信任你的员工，企业的业绩才会蒸蒸日上。这也是管理者的一种高智慧，即敢于信任你的部属，真正做到“疑人不用，用人不疑”。如果你想你的下属能拼尽全力地去完成你交代的任务，那么就请把你的猜疑之心收起来。

领导智慧

作为一名管理者，正确地利用员工的力量，充分地相信自己的员工，给予他们充分的创造性条件，让员工感觉到领导对他的信任，才是放权的关键。

给下属更多的决策权和责任

领导者授权的真正核心是——要能够给下属以责任，赋予权力。只有这样才能保证员工出色发挥自己的潜能并最终赢得他们的拥戴。

前北欧航空公司主管营销的副总裁詹·卡尔佐统计发现，第一线的员工每天需作出大约 17 万个大大小小的决策。

当他升为最高业务主管时,公司每年的客流量已经达到 1000 万,员工与顾客的接触机会达 5000 次。

因此,员工的服务状况将直接影响公司的效益。

美国通用电气公司前首席执行官韦尔奇是开发人力资本和激活知识型员工的能手。他提出了精简、速度和自信原则,认为培养员工自信的办法就是放权和尊重,建立简洁的组织。

杰克·韦尔奇认为,企业内每个员工任何时候都会做出决策。一个优秀的领导者应当适当放权,将权力和责任交给自己的下属,这样才能使下属的才能充分地发挥出来。

领导智慧

任何一名成功的领导者在管理中都必须遵循这样一个原则,那就是给自己的下属一定的决策权,并让其为之承担相应的责任。

第八章

沟通要行之有术

理解“上情”，理顺“下情”

中层领导身份的特殊性在于：面对下属时，他是一个领导者；面对领导时，他又是贯彻领导意图的一个中转站。一身兼具领导和部下的双重身份，可谓既当婆婆又当媳妇。这种独特的身份要求中层领导者必须同时了解上级与下级，做到能“上”也能“下”，做好“上情”与“下情”的互动，把领导与部属之间作为展示自己的舞台。

所谓“上情”，就是通常所说的“上头精神”“领导意图”，指高层领导的决策方针。所谓“下情”，是指本部门、本单位的客观实际情况，其中包括人员素质、群众情绪等具体问题。只有把上情和下情结合起来，才能在工作上融会贯通，应对自如。

吃透上情、掌握下情，并不是目的。往往有些中层领导对上情和下情都很熟悉，但工作却起色不大，这是因为他们没有把上情与下情结合起来。无论是贯彻落实上级领导的指示精神，还是检查指导下层的工作，或者向上级领导汇报，作为一名中层领导，都要从实际出发，把“上情”与“下情”有机结合起来。

要做到“上情”“下情”有机结合，可从以下几个方面着手：

1. 抽象问题具体化

上级下达指示要通盘考虑，其精神通常是管全局、管方向的，具有普遍的指导意义。但具体各部门情况千差万别，执行起来不可能是一个步伐、一套模式。所以中层对那些有明确要求的政策，应研究贯彻实施的具体办法，认真组织落实；对那些只提供了政策思想和一般原则的，就要从本地实际出发，做出切实可行的具体规定和细则。

2. 一般问题典型化

如果只是单纯执行上级指示，只能带来工作的一般化。而如果样样工作都一般化，就谈不上什么创造性，事业就难以取得突破性的进展。要想克服一般化的难题，就必须把上级的方针政策形象化、典型化，多抓些典型事情，这样有助于提高认识，开阔思路，工作也就有了自己的特色。

3. 理论问题实践化

上面的政策由于是针对全局而言的，原则的东西会多一些，所以理论色彩较浓。从事实际工作的中层领导要想把这些精神落到实处，就必须善于把上级的理论变成活生生的实践。这就要求中层领导者要认真研究具体问题，使上级领导的精神及时在下级实践开来。

领导智慧 ……………………………………………………………………

要做好“上情”与“下情”的有机结合，必须对“上情”和“下情”做到心中有数，胸有成竹。

既要雅的，也要俗的

领导与下属沟通，除了针对工作中的具体问题，还要时不时有些“无关紧要”的谈心。谈心是沟通的桥梁。

谈心首先要把握住准确时机，你不能在下属心急火燎地赶任务时，把他拉到外边喝茶聊天，而且谈心时要讲究语言技巧。一般来说，根据谈心对象不同的文化素养、性格特点、习惯爱好，要使用不同的语言。

有些人比较内向，对他们使用的语言要柔和一些，使道理像春风化雨那样点滴入土，润物无声；而对直爽开朗的，就可以一针见血地指出问题；对文化层次高的下属，语言应该文雅一点，太俗气了他会觉得你不尊重他，甚至会瞧不起你，无论哪种情况，他都不愿听你谈话；对没读过多少书的人，如果用词太文雅了，他会听不懂，更会觉得你装腔作势，所以语言要平实一些；对资历深、工龄长的员工，谈心时可以探讨一些深奥的哲理，多举一些彼此熟知的例子；对年轻识浅、思想单纯的员工可以多用些通俗易懂的语言，深入浅出，并注意在谈话中多讲一些故事，增加趣味性和说服力。

在沟通中，语言的准确性相当重要。除此之外，声音的抑扬顿挫、言语的节奏感也都要注意。

领导智慧 ……………………………………………………………………

对不同的人，说不同的话。

既要明言，也要暗示

每个人都喜欢心直口快的人，好比《红楼梦》里的史湘云，但领导者有时候必须得做胸有丘壑的薛宝钗。面对下属，有时可以直来直去，有时却要懂得迂回、暗示，得明白有些话不宜说破、说穿，只能点到为止。

暗示，是一种含蓄、间接的驾驭术。暗示性的话既可以是矛，也可以是盾。老牛拉车，硬赶不行，不妨兜个圈子，再把它引上路。巧妙地利用暗示，可使下属心甘情愿地接受领导的意志和命令，迅速开展行动。

在以下两种情形下应该使用暗示：

（1）当中层领导者要向下属传达一种信息，而这种信息又只可意会不能言传的时候。

（2）当下属和中层领导交换信息，这种信息暂时需要保密而前后左右耳目众多，不宜直接表达时。

使用暗示的方式各种各样，比如：告诉下属，你已在上级面前替他挡过不少过失，使他心存感激而接受工作要求；故意放出风声说，若是这次工作成效不佳，公司可能有人会被开除，使他因害怕而服从；先讲一番道理给下属听，如年轻人眼光要放远一点，应好好做事，然后再派工作给他。

运用暗示，要根据下属的心理特点来。一般来讲，年龄小、性格弱、独立性较差的人，更宜接受暗示。反之，那些独立性较强的人，暗示的效用则小些。

领导智慧

把什么事都说得透亮，并非最高明的谈话。

要放下架子，待人真诚

中层领导干部做下属的思想工作，不管是一般的交流、谈话，还是有针对性地对其说服、教育、批评、帮助，都要以平等、坦诚为沟通的基础。首先要明白一点，你和下属虽然有职位高低、权力大小、角色主动与被动等差别，但在人格上双方是完全平等的。你如果摆架子，下属或许会被你震慑住，你的权威感是建立起来了，但却无法听到下属的心里话。

为人处世要以诚为本。无论身处何时何地，说话、办事一定要遵循一个“真”字，对人要说真话，待人要以真心。那些言不由衷的空话、大话和假话要请出你的词典，更不要用虚情假意、矫揉造作的假感情糊弄下属。要聪明，但不要小聪明。只有放下架子，去掉偏见，才能与下属交朋友。一个真诚的人，在说话时自然会情真意切，从而在和风细雨中打动受教育者的心，增强我们的工作效果。当然，放下架子是在坚持原则的基础上。

领导智慧……………………………………………………………

为人处世要以诚为本。

使意见在不同类型的成员之间畅通无阻

每个单位都有一些不常参与沟通却能提供极佳意见的男女员工，他们可被概括为三种类型：

1. 孤傲者

他们有专业的出身环境，能力过关，信奉“能力决定报酬”。在埋头苦干的时候，从未学习过人际交往的技巧，一旦开口，往往只讲简单的几句话。这类人对工作本身的忠诚超过对组织的忠诚，他们更关心“工作完成了没有”，而不是“大家处得是不是开心”。研究中心的科学家、会计师、工程师和许多其他专家都属于这类人。

2. 被忽视者

他们所以无法贡献他们更多的心力，是因为他们是“热心但沉默的一类”。这一类型的人大智若愚，知道自己再怎么表现经理也看不上，索性就不表现了。

3. 言简意赅者

有些人视多言如蛇蝎，他们认为只有言简意赅才有价值，其他多说的一语一言都是在浪费时间，浪费生命。结果他们不愿表达任何“浪费时间”的意见，但这些意见可能在讨论会中极富价值。

管理者必须对这三类人加以分析，同时要求他们广泛地参与团队讨论，或在某些状况下让他们提出更细微、更具体的建议，并将这些建议付诸实施。当这些人参与任何层级的活动时，不妨给予热烈的赞许和鼓励。

领导智慧……………………………………………………………………

让“闷葫芦”开口说话是领导者的任务。

要善于听，还要善于想

古人说：“听君一席话，胜读十年书。”古代名相子产，以“不毁乡校”著称，便是广泛听取乡校中的议论，采纳雅言，鉴证得失，及时发现失误和长处，采取有效的措施。善于听的人可以通过听别人的议论，拓宽视野，增加知识，获取经验，增长见识，丰富阅历，这是自我完善的有效途径。

不仅要善听，听了还要想。如果听了便当耳旁风，左耳进，右耳出，就无异于竹篮打水。矫枉过正也不对，如果听了都牢牢记住，不加区分和择别，听一句记一句，则又会使自己陷入“听而不思则罔”的困境。最后，众说纷纭，莫衷一是。

在处理比较复杂棘手的问题时，一定要深思熟虑。单个人的想法毕竟有限，不妨听听来自各方面的意见，然后权衡利弊，综合判断，得出结论。博采众议最大的好处在于笼络人心。善于倾听别人的议论，会使别人心中产生受重视的感觉。

意见多分两类，一类是有关计划或方案策略的计谋意见，另一类则是指正工作得失、正误的批评性意见。对于前者，既要虚心听取，又不可偏听偏信。要善于区分，不可盲从。对于后者，最重要的是态度，所谓“忠言逆耳”。谁都不愿被人指责缺点，但襟胸坦荡的领导者能够做到虚怀若谷，批评无论对与错，恰当与否，都应欣然接受。

领导智慧……………………………………………………………………

意见纷呈，要谨慎选择。听之有益，则听之；听之无益，则不听。

管理其实就是一个沟通的过程

杰克·韦尔奇被誉为“20 世纪最伟大的企业领导人”之一，在他上任之初，GE 内部等级制度森严，结构臃肿。韦尔奇通过大刀阔斧的改革，在公司内部引入非正式沟通的管理理念，对此，韦尔奇说：

“管理就是沟通、沟通、再沟通。”

GE 最成功的地方，是杰克·韦尔奇在公司内部建立起来的非正式沟通的企业文化。通过这种非正式沟通，韦尔奇不失时机地让人感到他的存在。使公司变得“非正式”意味着打破发布命令的链条，促进不同层次之间的交流，改革付酬的方法，让雇员们觉得他们是在为一个几乎与人人都相知甚深的老板工作，而不是为一个庞大的公司工作。

韦尔奇比他人更知晓“意外”两字的价值。每个星期，他都会出其不意地造访某些工厂和办公室；临时安排与下属经理人员共进午餐；工作人员还会从传真机上找到韦尔奇手书的便笺，上面是他遒劲有力又干净利落的字体。所有这些的用意都在于领导、引导和影响一个机构庞大、运行复杂的公司。韦尔奇最擅长的非正式沟通方式就是提起笔来写便笺，目的就是为了鼓励、激发和要求行动。韦尔奇通过便笺表明他对员工的关怀，使员工感到他们之间已从单纯的上级与下属的关系升华为人与人之间的关系。

一位 GE 的经理曾这样生动地描述韦尔奇：“他会追着你满屋子团团转，不断地和你争论，反对你的想法。而你必须要不断地反击，直到说服他同意你的思路为止。而这时，你可以确信这件事你一定能成功。”这就是沟通的价值。

韦尔奇曾说：“我们希望人们勇于表达反对的意见，呈现出所有的事实面，并尊重不同的观点。这是我们化解矛盾的方法。”“良好的沟通就是让每个人对事实都有相同的意见，进而能够为他们的组织制定计划。真实的沟通是一种态度与环境，它是所有过程中最具互动性的，其目的在于创造一致性。”沟通就是为了达成共识，而现实沟通的前提就是让所有人一起面对现实。

沟通是企业组织中的生命线，好像一个组织生命体中的血管一样，贯穿全身每一个部位、每一个环节，促进身体循环，提供补充各种各样的养分，形成生命的有机体。沟通还是企业创新进步的肥沃土壤，许多新的管理理念、方法技术的出台，无不是经过数次沟通、碰撞的结果。

每个管理者都面临着沟通问题，采用以下 6 种方法，可以使沟通更加有效地进行：

（1）平等地进行沟通。

（2）站在别人的立场上看问题。

（3）训练交流技能。

（4）传递明确的信息。

（5）传递的信息必须准确。

（6）根据各自需要进行沟通。

领导智慧……………………………………………………

如果把一个公司比作人体，那么领导者就是心脏，员工就是血管中的细胞，而沟通是血液，心脏鼓动的血液的动力，运输着每一个细胞，成就一个健康的人体。

建立内部沟通系统

美国微软公司是IT行业的精英人才库，它的成功固然有多方面的经验可以总结，但就其对内部员工的民主化和人性化管理来说，一个不同于其他企业的特色是公司为了方便员工之间以及上下级之间的沟通，专门建立了一个快捷高效的公司内部电子邮件系统。每个员工都有自己独立的电子信箱，上至比尔·盖茨，下到每一个员工的邮箱代码都是公开的，无一例外。作为微软的员工，无论你在什么地方、什么时间，可以通过这一"内部电子邮件系统"和在世界任何一个地方的任何一个内部成员进行联系与交谈。由于这一系统的存在，每个员工都深深体验到一种真正的民主氛围。

微软的员工认为，"内部电子邮件系统"是一种最直接、最方便、最迅速、也最能体现尊重人性的工作沟通方式。通过"内部电子邮件系统"，除了上层对下层布置工作任务外，员工们之间也可以相互沟通、传递消息，最重要的是员工可以方便地使用它对公司上层，甚至最高层领导提出个人的意见和建议。

有一位员工想多放几天假，就利用"内部电子邮件系统"直接向谢利总裁提出建议：既然公司的经营取得如此大的成功，为什么员工不能多放点假休息休息？为什么不能把假日累积到一起，让大家都可享受连续多日的假期呢？这一建议后来就得到了公司的采纳。

当然，并不是说只要员工提出要求，公司就必须采纳，关键在于“内部电子邮件系统”创造了一条有效的沟通渠道。比如有一次，许多员工通过“内部电子邮件系统”要求在总统宣誓就职日全体放假，谢利几经考虑，最后还是决定不放假。

事后，谢利对比尔·盖茨说：“尽管大家不太满意，但公司与员工间的沟通渠道还是畅通的。”此外，员工还可以利用“内部电子邮件系统”来约会。有位女员工非常仰慕比尔·盖茨，但很少有机会能与比尔·盖茨直接见面，她就通过“内部电子邮件系统”约见比尔·盖茨。比尔·盖茨当时很忙，就说：“等我有时间，我再约你。”后来，比尔·盖茨果真通过“内部电子邮件系统”与她见了一面。

由此可见，微软的“内部电子邮件系统”为公司员工和上下级的交流提供了很大的方便，为消除彼此间的隔阂，保持人际关系的和谐畅通开辟了渠道，为激励人才、留住人才发挥了极大的作用。

领导智慧

在企业里面，无论是自上而下还是自下而上的沟通，都是为了确保企业管理的工作效率、战略的执行，以及把握商机或者及时发现存在的问题并进行调整和解决。

沟通方法不拘一格

1994年波音公司经营遇到了困难，新总裁康迪一上任，便邀请高级经理们到自己的家中共进晚餐，然后在屋外围着一大堆火讲述有关波音的故事。康迪请这些经理们把不好的故事写下来扔到火堆里烧掉，以此埋葬波音历史上的“阴暗”面，只保留那些振奋人心的故事，下属们因此受到鼓舞，企业也因此渡过了难关。

在康迪的示范下，企业高层管理者也常常和员工一块儿讲故事，发展到后来，讲故事成了波音公司在管理中的一条不成文的规定。

管理沟通方法多样，而我们的主动沟通者应该从多渠道、多角度思考可能存在的解决办法。沟通的类型还可以按照组织系统划分为正式沟通与非正式沟通两大类，其中：

正式沟通，是指通过组织明文规定的渠道进行的信息传递和交流。如企业的汇报制度、会议制度，按组织系统逐级进行的上级批示的下达或下级情况向上级反映等。正式沟通是通过组织明文规定的渠道进行的，其优点在于沟通效果好，具有较强的约束力，一般较重要的信息通常都采用这种方式沟通，但它也有弊端，即沟通速度慢，不易沟通感情，会给沟通带来重重麻烦，这些麻烦就需要依靠平时积累的相关经验进行排解。

非正式沟通，是在正式沟通渠道之外进行的信息传递和交流，如员工之间私下交谈，各抒己见，数人相聚议论某人某事以及传播小道消息或同仁们举行非正式的群体娱乐活动等。正式沟通一般是规范化的沟通方式，而非正式沟通却是非规范化的沟通方式。沟通中要注意甄别信息，不要被流言蜚语所干扰，以至于混淆视听，使信息失真。

领导智慧……………………………………………………………

管理沟通方法多样，而我们的主动沟通者应该从多渠道、多角度思考可能存在的解决办法。

群策群力，沟通无边界

韦尔奇永远都不会忘记 1990 年他在家电业务部门参加的一个 Work-Out 会议。

这次会议是在肯塔基州列克星敦的假日饭店举行，参加会议的员工大概有 30 人。大家都在认真地听一个工人做陈述，他认为可以对电冰箱门的生产工艺进行改进。突然，工厂的车间主任跳起来打断了他的讲话，认为这个工人的意见不合理。

但是这位工人却毫不留情地对车间主任说："你说的是狗屁不通……你都不知道你在说什么，你自己从来没有去过那里。"接着他拿了一支水笔，开始在写字板上演示自己的改进意见。很快，他讲完了，并得出了自己的结论。同时，他的解决方案被接受了。

看到工人师傅和他的主任为改进生产工艺进行争论，这让韦尔奇非常高兴。他说："想象一下，那些刚刚从大学出来的毕业生如果面对这条生产线的话，他们恐怕做不到这一点。而现在，这些富有经验的工人师傅们帮助他们把问题迅速地解决了。"

在通用电气公司里流传着千百个像上面这样的故事。一位中年工人曾经对 Work-Out 这一计划作过评论说："25 年来，你们为我的双手支付工资，而实际上，你们还拥有了我的大脑——而且不用支付任何工钱。"

要做到这一点，是需要勇气的。没有哪个领导站在员工面前接受批评、倾听一系列要求变革的建议会感到很舒服，同时也没有哪些员工会在跟老板叫板时，感到理直气壮。

群策群力说的是每一项决策都要通过公司全体的商量讨论后才执行，这是通用团队精神的一种体现。同时通用公司通过这种形式打破了公司的重重壁垒，为外界交流奠定了基础。

领导智慧……………………………………………………………………

群策群力是团队精神的体现。

从身体语言中捕捉沟通信息

在沟通过程中，有经验的管理人员善于从对方的身体语言中捕捉到他们所需要的宝贵信息，如能恰当运用，这将为争取主动奠定坚实的基础。

1. 从眼睛中寻找沟通信息

眼睛是心灵的窗户，眼神是表情达意最有力的手段之一。心理学家研究发现，眼睛的动作能传达出人类表情的主要信息，从而为我们的沟通设定良机。

一般而言，与人交谈时视线接触对方脸中的时间正常情况下应占全部谈话时间的 30% ~ 60%。超过这一平均值时，可以认为对谈话者本人比谈话内容更感兴趣；低于平均值者，则可能被认为他对谈话者本人和谈话内容均不感兴趣。

倾听对方谈话时，几乎不看对方，那是企图掩饰什么的表现。倘若眼睛闪烁不定，是一种反常的举动，常被视为用作掩饰的一种手段或性格上的不诚实。

人们处于高兴、喜欢、肯定等情绪时，瞳孔必然放大，眼睛很有神；处于痛苦、厌恶、否定等情绪时，瞳孔就会缩小，眼睛必然无光；在一秒钟之内连续眨眼几次，这是神情活跃，对某事物感兴趣的表现，有时也可理解为由于个性怯懦或羞涩、不敢正眼直视的表现；瞪大眼睛看着对方是对对方有很大兴趣的表现。据说，古时候的珠宝商人已注意到这种现象，他们能窥视顾客的瞳孔变化而知道对方对货物有无兴趣，从而决定是抬价还是降价。由此可见，瞳孔的变化是非意志所能控制的。因此有人在某些场合，往往戴上一副有色眼镜，用以掩饰自己的内心活动。

2. 从嘴部动作中寻找沟通信息

除了眼睛以外，在面部器官中嘴唇最能表现出一个人的内心世界。嘴巴，除了是摄取食物和呼吸的器官之一，也是说话的工具，它的吃、咬、吮、舔等多种动作形式，决定了它具有丰富的表现力，往往反映出说话人的思想情感。

如果一个人注意倾听对方谈话时，嘴角会稍稍向后或向上拉。嘴唇常不自觉地张着，呈现出倦怠疏懒的模样，说明他可能对自己、对自己所处的环境感到厌烦，显得心不在焉。如果紧抿嘴唇，且避免接触他人的目光，可能表明他心中有某种秘密，此时不想透露。但有时紧紧地抿住嘴唇，往往也表现出意志坚决。

不满或固执时，往往嘴角下拉。撅起嘴是不满意和准备攻击对方的表示。遭到失败时，咬嘴唇是一种自我惩罚的动作，有时也表示自我解嘲和内疚的心情。

如果你是在一个标准的男人圈内进行自己的管理工作，那么你一定会碰到一些“老烟哥”。其实，作为嘴部动作的一个细节，在日常生活中抽烟时的动作极具表现力，它往往将一个人的心理和情绪状态不自觉地表露出来。

如有的人抽烟时，将烟朝上吐，这往往是积极、自信的表现，此时他的身体上部分姿势必然是昂首挺胸的。倘若将烟向下吐，则是情绪消极、意志消沉、有疑虑的表现。斜仰着头，烟从鼻孔吐出，表现出一种自信、优越感以及悠闲自得的心情。

如果吸烟不停地磕烟灰，表明内心有矛盾冲突或焦躁不安，这时的烟成了吸烟者减缓和消除内心冲突与不安的道具。有的人抽烟时将烟雾从嘴角徐徐吐出，这就给人一种消极而诡秘的感觉，一般反映出吸烟者此时的心境与思维比较曲折回荡，力求从纷乱的思绪中清理出一条令人意想不到的思路来。这种人看似神秘，其实内心很虚弱，云雾缭绕的外表，往往就是在掩藏自己的空虚与恐惧。

如果一个人点着烟而很少吸，表示在紧张思考或等待紧张情绪的平息。假使没抽几口就把烟掐掉，则表明想尽快结束谈话或已下定决心。

3. 从眉毛动作中寻找沟通信息

眉毛不是眼睛的简单配角，在表情达意方面，眉毛的形态往往能反映出人的许多情绪，我们可以借此来寻找信息，以进一步做好管理中的沟通工作。

一般地，处于惊恐或惊喜时，眉毛上扬，即人们所谓的“喜上眉梢”；如处于愤怒、不满或气恼时，眉角下拉或倒竖，即通常所说的“剑眉倒竖”。

当困窘、不愉快、不赞成或者是表示关注、思索时，往往皱眉。如表示赞同、兴奋、激动的情绪时，则眉毛迅速地上下跳动。倘若表示有兴趣、询问或者疑问时，眉毛就会上翘；反之，眉毛就会沉下来。

4. 从肢体动作中寻找沟通信息

通过对四肢和腰部的动作分析，我们可以判断出对方的心理活动或心理状态，借此把自己的意思传达给对方。

握拳是表现向对方挑战或自我紧张的情绪，以拳击掌是向对方发出攻击的信号。

微微抬头，手臂放在椅子或腿上，两腿交于前，双目不时观看对方，表示有兴趣来往；手臂交叉放在胸前，同时两腿交叠，表示不愿与人接触。

用手指或铅笔敲打桌面，或在纸上乱涂乱画，表示对对方的话题不感兴趣，不赞同或不耐烦。

握手时对方掌心出汗，表示对方处于兴奋、紧张或情绪不稳定的状态；若用力握对方的手，表明此人热情、好动，凡事比较主动；手掌向下握手，表示想取得主动、优势地位;手掌向上，是性格软弱，处于被动、劣势或受人支配的表现；用两只手握住对方一只手并上下摆，往往表示热情欢迎，真诚感谢或有求于人。

如果把两手手指并拢放于胸脯的前上方呈尖塔状，表明充满信心；手与手重叠放在胸腹部的位置，则表明他的谦虚、矜持、抑或心中感到不安，希望能得到理解或慰藉。

如果一个人见你就鞠躬、弯腰，表示谦逊或尊敬之意。再者，心理上自觉不如对方，甚至惧怕对方时，就会不自觉地采取弯腰的姿势。

倘使腰板挺直，颈部和背部保持直线状态，则说明此人情绪高昂、充满自信、自制力较强。相反，双肩无力地下垂、凹胸突背、腰部下塌，则反映出这个人正处于情绪的低谷，或者没有自信心，或者对前途感到沮丧失望。

领导智慧

重视员工的肢体语言，因为那是一种无声的沟通。

上下级沟通要讲“礼”

无论职务大小，作为一个管理者，如能同下属相处融洽，无论对管理者本身，还是对管理者的下属都是有益的。

1. 施以礼貌

清晨上班，管理者对下属的一声亲切问候，正是赢得一天合作与友谊的开始。但管理者往往注意对陌生人表示礼貌，却很少想到对熟悉的下级施以礼貌。管理者一定不能忽视这一点。下属得到尊重，信心十足地走上岗位，才能保证一天工作取得更高的效益。

2. 予以表扬

没有不爱听好话的人，尤其是为你辛苦工作的下属，你应不吝用最好的词汇来形容和赞美他们。管理者必须看到下级的长处，多想想他们的优点。下属把事情办得很漂亮，管理者应该反复当着众人的面提起，并时常把他记在心里，因为我们周围的大部分人都渴望得到表扬，人们不断受到鼓励，才能将工作干得更好。

3. 给以公平

公平是管理魅力的源泉，管理者待下属必须格外公平。管理者千万不能因为一些微不足道的小事，影响众人的情绪，妨碍自己的工作。假如过分偏爱自己的“亲信”，人们便会认为你是个徇私情的人，人们的情绪便会低落。

4. 随时指正

犯错误是难免的，关键在于怎样看待错误。当管理者遇见下级犯错误时，应及时指正，而不能等下属的各项错误累积得很多时，才放在一起批评。这样，会使下级认为你一直不信任他，哪里还有干劲呢？批评人应单独进行，当然极少数与法规及制度公开对抗的人，管理者应当众批评。

5. 一诺千金

声誉从某种意义上讲，是一个管理者的生命。管理者要想在下属面前树立起声誉，就必须守信用。管理者应周密地考虑实际情况，一旦许下诺言，就应尽力去实现。确实因客观原因不能兑现，管理者也应及时解释，否则下属是不会长期支持你的。

6. 兼听则明

英雄的作用自然不可贬低，但在大多数时候，民心向背却能决定历史的走向与命运。管理者应多向下属请教，给他们机会表达他们的意见。尤其在决定一些与下属利益有关的政策时，管理者更应多听取他们的建议。如他们的建议得到讨论或采纳的话，他们会以愉快的心情接受你的决定。

7. 人无完人

生活之中，没有十全十美的人，别人有错误，管理者自己也有错误，不能总摆出“一贯正确”的样子，那样是会令人讨厌的。

8. 真诚关心

管理者必须经常关心下属，注重选拔、培养下属，激励他们做更多的事。在工作不顺利时，管理者不要过分指责，同时要帮助他们解决一些实际工作和生活中的困难；在顺利时候，要提更严格的要求。

9. 不要争论

管理者不能私下随便评价一个人，更不能抱着高人一等的态度，乱训斥别人。因这样往往激起争论，只会降低威信。一般而言，管理者和下属争论，是不能赢得下属们钦佩与信任的。

10. 巧处埋怨

只有适当地宣泄，才能保持一个人的心理平衡，因此，我们可以说发牢骚、诉埋怨是人们的一种本性。作为管理者，可不必记在心上，而且还可以从“牢骚”话中了解到下属的困难，从而寻找到管理的最佳契机。

领导智慧 ……………………………………………………

修养良好的领导必定懂得与下属沟通时知礼守礼。

掌握成功演讲的“魔术公式”

演讲，在古希腊被称为“诱动术”，其含义是鼓励听众，传递演讲者的意图。在管理沟通中，演讲作为一种沟通手段，其作用越来越被人们重视。

成功演讲肯定有方法。有人经过潜心研究，整合出了一套成功演讲的“魔术公式”。这个“魔术公式”是什么？实际上很简单，可说是一点就破。具体而言是这样的：一开始便把你要讲的主题以实例的形式告诉听众，通过这个例子，生动地说明你希望传达给听众的意念是什么；接下来则以详细清晰的言辞表明你的论点；最后，陈述缘由，也就是向听众强调，如果他们依你所言去做，会有什么好处。

只要你利用这个“魔术公式”，必能博得听众的注意，而且可以使听众将关注的焦点对准你演讲的重点。它也能使你舍弃那些冗长且无味的开场白，诸如，“我没有时间把这场讲演准备得很充分”，或“当主持人请我谈论这个题目时，我还一时纳闷，他为何要挑选我？”要记住，听众对你在台上的道歉或辩解不感兴趣，不论你在说这些话时是出于真心还是一种台面上的客气话，他们需要的是行动。而在“魔术公式”里，你一开口便给了他们行动。

在这个公式中，实例是核心内容。如何进行例证？其实方法很多。首先，我们可以用生活中的事件作为例证。我们在每天的生活中都会发生很多事情，这些事情应是你谈话的主要部分，占用你的时间也最多。在这个阶段，你要把你从中得到某些启示的事件向听众描述出来。

人们通常只有在清楚理解事情之后，才会采取正确的行动。因此你最好先问自己，你究竟要听众在听了你的例证之后，他们应采取什么行动。把你的主张写下来，句子愈简短愈好，就像电报文一样，尽量让文字简洁、清楚、明确。如为希望工程募捐，如果说“请帮助贫困地区的失学儿童”，则显得概括而不着边际，你可以说“××地区的儿童需要我们帮助，愿意赞助他们上学的请前来登记”。行动，让人实实在在地行动起来，比一大堆空话要好得多。

当然，你所主张的行动不能天马行空，假如你对一群人说：“明天我邀请你们上月球共进午餐”，这种虚无缥缈的胡话只能让你自己妄想并变成精神病。无论你所谈论的主题是否会引起争论，演讲人都必须把自己的主张陈述出来，主张的内容要易于实践，以便使听众能容易理解并采取行动。

领导智慧

技巧性的演讲，既成功表达了自己，又能使员工产生共鸣。

掌握控场技巧

所谓控场技巧，就是演讲者对演讲场面进行有效控制的技能和办法。在正式演讲过程中，由于各种原因，听众的情绪、注意力及场上气氛、秩序常有变化的可能。演讲者要有效地调动听众情绪，集中听众的注意力，驾驭场上的气氛及秩序，使之向有利的方向发展，不能不借助于控场技巧。

在演讲过程中想要控制好场上气氛，作为演讲者，必须要注意以下几方面：

1. 亮相得体

在上场时务必大方自然，表现出充满信心的样子。上场后可先环视一下全场，接着开始演讲。缩手缩脚或忸怩作态，乃是上场亮相的大忌。初涉讲坛的人如果临阵怯场，不妨效法一下大科学家法拉第的演讲诀窍——假设听众一无所知，它或许能帮助自己增强信心，解除不必要的紧张。

2. 脱稿演讲

脱稿演讲是个人素质的综合体现，既有助于增强听众对演讲者的信服感，也有利于演讲者与听众更好地进行面对面的交流。面对一群有文化的听众，有时念错句或念错常用字，可能会招致哑然失笑；而说话流利、发音准确，则能较易赢得听众的欢迎。

3. 动静结合

以恰当的目光、潇洒的动作影响场上气氛，使人不易造成分心现象。如果目光一直游移不定，或动作过于频繁，就会引起听众的不舒服感。因此，演讲者不仅要把目光、动作的变化作为表达感情的一种方式，而且要把它作为吸引听众注意力的重要手段。要以恰当的目光、潇洒的动作影响听众，使他们不易出现分心现象。在运用目光、动作的时候，要做到动静相兼、两者结合。

4. 变换节奏

一场好的演讲犹如一场优美动听的音乐会，演讲者应用抑扬顿挫的语调和疾缓快慢的不同语速进行演讲。重点之处可放慢速度或做必要的重复，以便引起听众的重视。听众注意力分散时，可骤然提高音量或停顿一下，使听众感到新奇而不由自主地把转移了的注意力又集中到演讲者身上。

5. 设置悬念

悬念是调动人心的法宝。在必要的地方设置悬念，以激发听众的兴趣，调动听众情绪。设置悬念应精心选择既能扣住演讲主题，又不为听众所共知的东西作为设置悬念的依托，不能故弄玄虚。同时要选择听众兴味正浓之际戛然而止，以收到余音绕梁的良好效果。

6. 有意提问

与听众互动可使演讲者获得更为广泛的支持。演讲者根据演讲内容和场上情况，在适当之处问句“为什么”或“怎么办”，促使听众产生积极的智力活动，须臾之间，不得不思考一番。听众思考问题时，会倍加注意演讲者如何解答。演讲者可借此良机，以自己对问题的精当见解“征服”听众。

领导智慧

借助控场技巧，演讲者可有效地调动听众情绪，集中听众的注意力，驾驭场上的气氛及秩序，使之向有利的方向发展。

正确处理下属的抱怨

作为一名领导者，被下属抱怨是一件很正常的事。听取每一个下属的抱怨和诉苦是居于领导位置的每位管理者义不容辞的责任，同时也是他们获得下属理解和支持的一个好方法。

工作中，下属最普遍的抱怨形式就是唠唠叨叨把自己一肚子的不满倾倒出来，对此，作为领导者绝不能装作听不见。相反，你一定要做下属的听众。获得卓越驾驭能力的最快捷、最容易的方法之一就是用同情的心理，竖起耳朵倾听他们的烦恼和报怨。要正确处理好下属的抱怨，你必须做到以下几点：

1. 不要忽视

不要认为如果你对出现的困境不加理睬，它就会自行消失。不要认为如果你对下属奉承几句，他就会忘掉不满，会过得快快活活。事情并非如此。没有得到解决的不满将在下属心中不断发热，直至沸点。他会向他的朋友和同事发牢骚，他们可能会赞同他。这就是你遇到麻烦的时候——你忽视小问题，结果让它恶化成大问题。

2. 严肃对待

绝不能以“那有什么呢”的态度加以漠视。即使你认为没有理由报怨，但下属也可以认为有。如果下属认为它是那样重要，应该引起你的注意，那么你就应该把它作为重要的问题去处理。

3. 认真倾听

认真地倾听下属的抱怨，不仅表明你尊重下属，而且还能让你有可能发现究竟是什么激怒了他。例如，一位打字员可能报怨他的打字机不好，而他真正的报怨是档案员打扰了他，使他经常出错。因此，要认真地听人家说些什么，要听弦外之音。

4. 不要发火

当你心绪烦乱时，你会失去控制，你无法清醒地思考，你可能会轻率地作出反应。因此，要保持镇静。如果你觉得自己要发火了，就把谈话推迟一会儿。

5. 掌握事实

即使你感觉到要你迅速作出决定的压力，你也要在对事实进行了充分调查之后再对报怨做出答复。要掌握事实——全部事实。要把事实了解透了，再作出决定。只有这样你才能作出公正的决定，而不会“急着决定，事后后悔”。记住，小小的抱怨加上你的匆忙决定可能会变成大的冲突。

6. 解释原因

无论你赞同雇员与否，都要解释你为什么会采取这样的立场。如果你不能解释，在你下达决定之前最好再考虑考虑。

7. 表示信任

并非所有报怨都是对下属有利的。回答“是”时，你不会遇到麻烦，回答“否”时，你就需要利用你的所有管理技能，使雇员能理解并且心情愉快地接受你的决定。

在你向他们解释过你的决定之后，你应该表示相信他们将会接受。求助于他们的推理能力，求助于他们对公平处事的认识和同等对待的信任，努力使他们搞清你所作那个决定的理由，使他们同意试一试。

8. 不偏不倚

掌握事实，掂量事实，然后作出不偏不倚的公正的决定。做出决定前要弄清楚下属的观点。如果你对报怨有了真正的了解，或许你就能够做出支持雇员的决定。在有事实依据、需要改变自己的看法时，不要犹豫，不要讨价还价，要爽快。

9. 敞开大门

不要怕听报怨。“小洞不补，大洞吃苦”，这句话用于说明在萌芽阶段就阻止报怨是再恰当不过了。要永远敞开大门，要让下属总能找得到你。

领导智慧

不要把员工的抱怨视作洪水猛兽，也不要无视这种声音的存在。作为一个优秀的领导人，最应该做的就是去真心诚意地聆听。

第九章

不明察不能烛私

整肃下属先要严格考核

明朝初年的吏治，在中国历史长河中是典型的清明时期。这与朱元璋的个人经历不无关系，他曾说："朕向在民间，常见县官由儒者多迂而废事，由吏者多奸而弄法，蠹政厉民，靡所不至，遂致君德不宣，政事日坏。加以凶荒，弱者不能聊生，强者去而为盗。"所以他意识到，如果没有清明的吏治、干练的官风，社会就难以安定，自己辛苦打下的江山，难免又要落入异姓之手。

在君主集权体制下，实际上对政治施加影响的是整个朝廷官员班子，只有这个班子时时保持朝气和活力，才能使一个王朝稳步发展。朱元璋为了整顿吏治，采取了不少行之有效的方法。施行对官员的考课制度就是其中重要的一项。

朱元璋亲自制定并颁布了《授职到任须知》，对地方官吏的职责作出明确、详细、具体的规定，把地方的公务分为"把神""制书榜文""吏典""印信衙门""狱囚""起灭词讼""田粮""仓库""会计粮储”“各色课程”“鱼湖”“金银场”“窑冶”“盐场”“系官房屋”“书生员数”“青宿”“官户”“境内儒者”“好闲不务生理”“犯法民户”等31项，逐项开列地方官员应负的责任和所应注意的事情。而在某个应注意事项中，他往往还列出许多具体要求，例如“狱囚”，不但要了解已结案件的多少，在押犯人的数字，还要“知人禁年月久近，事体重疑，何者事证明白，何者取法涉轻。明白者，即须归结；涉疑者，更直详审，期在事理狱平，不致冤抑。”

朱元璋把对官吏的考课具体分为考满和考察两种办法。

考满是仿照古代所谓“三载考绩、三考黜陟”之制，规定内外官在九年任职期内三年一考，六年再考，九年通考，具备其一，即可升转。考核评语有三种，“称职”“平常”和“不称职”，据以决定升降。一般降职者少，升迁者多。

考察则分为京察与外察两种。京察即对京官的考核，根据官员具体表现来决定升降。外察是对外官的考察。洪武十一年，朱元璋令吏部在殿堂上考核朝觐官的政绩，“称职而无过者为上，赐坐而宴；有过而称职者为中，实而不坐；有过而不称职者，不预宴，序立于门，宴者出，然后退。”此后便成定制。在明初，考察的结果一般都是罢黜多而升迁少，正好可以借机换置新员，令能者上，庸者下。

明初对官员的考课，以及根据考课结果制定的陟罚臧否，调动了官员的积极性，约束了官吏们的行为作风，对明初的吏治清明起到了积极作用。明初的清官最多，有些官员纵使无甚才干也能循规蹈矩，不敢胡作非为，其主要原因就在于朱元璋制定的逐级审查的考课制度。

任何事业的完成，都得益于组织成员的积极性和紧迫感。只有严格的考核，才有正确的评价，也才能对下属进行客观的评价。“干和不干一个样，干多干少一个样，干好干坏一个样”的大锅饭思想，是不良组织的最大弊病。

领导智慧

只有严格的考核，才有正确的评价，也才能对下属进行客观的评价。

与成果相比，新进人员的努力过程更重要

一名大学毕业生被招聘进入一家销售公司，做业务员。在入职前，他认为公司首先要给他指定工作量，所以还没进公司就感觉到了压力。然而工作开始后，上司却一直没有过问他的工作成果。正当他纳闷时，却看到比他早三年进入公司的员工，往往被严厉地追问推销的成果。他不由得佩服公司指导方法的高明。

对于新进人员来说，最重要的任务是快点进步。企业对他们要进行教育培训，最终的目标在于尽早培养出专业人才，在未训练出优秀的人才之前，应考核其对工作的态度是否积极，而给予适度的鼓励，以期使下属体会到工作的乐趣，并学习专业人员所具备的知识。在还没达到专业水准之前，如果只重视结果，极可能使新进人

员感到太大的压力，以至于无法安心学习。

领导智慧……………………………………………………………

对于新进人员来说，最重要的任务是快点进步，而不是做出多少业绩。

充分利用下属纠纷的机会来考核他们

在平时，对下属进行考核一般是以能力、绩效、品德等项目来评定。大多数的领导者却并不知道，当下属之间发生纠纷时，恰是考核他们的“千载难逢”的绝佳机会。

当两个或多个下属因为某件事发生争执时，你可以“躲起来”，冷眼旁观他们各自的表现。通过细心观察各人的立场、动机、见解和争论方式，可以全盘了解他们的修养、气度、眼光、忠诚等。

如果你需要从下属中物色一位接班人，“利用”纠纷来考核他们就更能提供有说服力的证据了。

领导智慧……………………………………………………………

人的本性往往在一些特殊时刻更容易表现出来，领导者要抓住这样的“天赐良机”。

以明确态度纠正下属的错误

如果下属犯了不该犯的错误，管理者就要明确地表达出自己的态度，该板起脸就要板起脸，该斥责就要斥责。如果此时你还是用平和的口气对他说话，他就会误以为你只是在与他交换意见或开讨论会，而不会意识到自己所犯错误的严重性。而你如果板起面孔进行训斥,对方就会知道此事触犯了你的原则底线,便会尽快改正错误。

当人们受到认真地问责时，才会说出真心话。责骂者也好，被责骂者也好，若双方皆能以诚心来沟通，可以加深彼此的理解程度，对于往后的长期共事,亦能产生相当大的益处。“我是官,你是兵”——这是你必须亮出来的态度，即使对方年龄与你相仿也要分清身份。情绪性的发怒会有其正面的效果。你必须使对方了解“我是在生气，是在责骂你”。

这种责备与被责备的关系必须在平时就建立起来，如果你突然怒骂一位尚未习惯于被责备的下属，很可能使对方觉得愕然，甚至一怒之下想到“这种公司我待不下去了”。不习惯被责骂的年轻人，也不习惯向他人道歉。在工作场所中即使他真的错了，他也会打哈哈，不会直接道歉。也许他内心非常后悔，但绝不会表现出来。

当然，身为领导者也不应太钻牛角尖，不要鸡蛋里挑骨头，只有保持一定的理性，才是上策。

领导智慧 ……………………………………………………………………

你是官，他是兵，你有权利表现出你的不满和失望，这也是为了促进下属进步。

奖与罚都应以业绩考评为依据

业绩考评是管理者常用的管理手段。管理者希望通过考评掌握下属的工作状态，员工也希望自己的工作被企业承认并得到应有的待遇和事业上的进步，同时也希望被指导。可以说，科学、合理的考评是管理者与被管理者双方都欢迎的。

可以说，业绩考评是实施有效管理的一根指挥棒。但是，如果对考评原则把握失度，该紧不紧、该松不松，就会失去它应有的作用。考评必须建立在以下原则之上：

（1）明确、公开的原则。企业的考评标准、考评程序和考评责任都应当有明确的规定，并且在考评中严格遵守这些规定。同时，这些规定在企业内应该对员工公开，这样才能令员工对考评产生信任感并接受考评的结果。

（2）客观原则。要以客观事实为考评的准则，避免主观判断和感情倾向。

（3)直接性原则。由于直接上级最了解被考评人的实际工作表现，所以考评应由被考评者的直接上级进行。

（4）反馈的原则。考评结果一定要反馈给被考评者，否则，就不能达到考评的主要目的，应向被考评者进行解释并提出指导。

（5）差别化原则。考评的目的是为了激励。所以考评的等级之间应有明显的差别界限，针对不同考评结果的员工，应在工资、使用、晋升等方面体现差别。

领导智慧

科学有效的业绩考评，是公司企业得以健康运作的关键，在管理过程中，应该遵守其运行的原则性和灵活性。

绩效考核要服务于员工的成长

绩效考核是对员工工作成绩的衡量，并非管理者和员工之间对立的体现，因此管理者要秉持圆通的原则，以实现双方和谐为目标。只有为员工成长服务的绩效考核，才能被员工接受，管理者才能更有效地利用绩效考核为企业的发展服务。

绩效考核是为员工成长服务的工具，如果管理者这样看，就不会对员工出现的错误进行大肆的批评，而会坦诚地指出员工工作中的不足，帮他们改正那些妨碍他们进步的缺点，从而取得更大的进步。

在很多优秀的公司，管理者都会向员工传达一个理念：业绩决定一切。不管你是名校出身，还是资历丰富，衡量你的都是同一套标准，你现在的表现比你过去的经历更重要。在这样的公司里，绩效考核总是服务于员工的成长。它们为员工提供表现自己的机会，员工随时都可以接受更大的挑战。

保证绩效考核的公平公正，是员工和管理者之间建立融洽、信任关系的前提。如果员工对绩效考核没有积极的态度，甚至明确表示反对，那么管理者就要对考核方式进行检讨了。

虽然每个人都渴望得到赞美，但是绩效考核也不能变成庆功会，对于那些绩效水平较低的员工，管理者还是要提出批评和建议，以督促他们进步。不要担心一丁点的批评就会打击员工的自信，只要管理者能够站在员工的立场上，诚恳地提出看法和建议，员工肯定能够体谅管理者的良苦用心。

领导智慧

绩效考核应服务于员工的素质培养和能力成长，它是推进员工进步的助燃气，而不是禁锢员工发展的铁牢笼。

让绩效考核不再冷冰冰

一般人对绩效考核的直观理解，就是一堆冷冰冰的数字和表格。但是考核如果仅止于此，就无法实现为员工成长服务的目的。在这样的考核中，管理者只是一个员工工作表现的记录者。

因此，在实施绩效考核的过程中，管理者还需要与员工之间进行面对面的沟通。管理者和员工之间的沟通有助于双方的相互理解，改进工作中的问题，发现管理流程中的漏洞和不足。

丰田公司采用的是 360 度评估体系，丰田内部称之为“个性对口鉴定制度”。一个员工工作成绩的评定并不仅仅是由他的顶头上司作出的，同时还要参考其他部门领导和员工的意见。为了使评价结果准确，评价人和被评价人都是在工作上有密切接触的。例如，一个股长想要提升为课长，除了顶头上司的评价外，还要从其他部门选出 5 人对其进行领导能力和观察问题能力等 20 多项内容的评价和鉴定。

既然考核的最终目的是为了改善员工的行为，管理者就应该注意考核标准的透明化。考核标准最好由管理者和员工协商制定，不能太高以至所有人都达不到，也不能太低丝毫没有挑战性。

领导智慧 ....

让绩效考核带上人情味儿，不再机械地运作。让这种机制也安上一颗“心”，从而促进上下人员的彼此理解和共鸣。

正确看待下属没有完成任务的情况

市面上的培训书经常宣扬一些观点，如“没有任何借口”“不找借口找方法”“无条件服从”等。有些“知其一不知其二”的领导者听到之后，如获至宝，直接拿来指导自己的实际工作，就大错特错了。

一味强调“不要任何借口”是不现实的，是对“原则”“规矩”的滥用，是缺乏灵活的表现。其结果不会带来执行力的大幅提升，只会抑制下属工作的积极性。实际情况总是复杂多变的，管理者本人不见得完全了解情况，下达的指令不可能准确无误。

如果下属在执行命令时，完全不考虑领导者的命令是否正确，不顾客观情况是否允许，只是盲目去做，甚至让企业付出沉重代价也在所不惜，这绝对不算“完美的执行能力”或“负责敬业”，只能叫作愚忠。即使每个管理者布置的每项任务都是合理的，但也不是每项任务在任何时候和任何背景下都是可以完成的，也不是每个员工都能够完成每项任务的。

“绝对服从”强调的是一种不平等意识，一种管理者至高无上的霸权思维，这样的管理思维只能唬住弱者，造就奴才，让真正有能力的员工暂时收敛锋芒随时等待跳槽，必然的结果是离心离德，人心涣散。

所以要合理看待下属没有完成任务的情况，分析其所处的客观环境，不要一味地认为没有完成任务就是找借口。

领导智慧……………………………………………………………………

规矩是死的，人是活的，不要让死规矩捆绑住了活的人。下属在执行命令时出现偏差，要先听听他们的理由，不要一味地强调"绝对服从"。

无论赏罚都要做到有理有据

摩托罗拉每年的年终评估以及业务总结会一般都是在次年元月进行。公司对员工个人的评估是每季度一次，对部门的评估是一年一次，年底召开业务总结会。根据一年来对员工个人和部门的评估报告，公司决定员工个人来年的薪水涨幅，并决定哪些员工获得晋升机会。每年的二三月份，摩托罗拉都会挑选一批优秀员工到总部去考核学习，到五六月份会定下哪些人成为公司的管理职位人选。

摩托罗拉员工评估的成绩报告表很规范，是参照美国国家质量标准制定的。摩托罗拉员工每年制定的工作目标包括两个方面：一个是宏观层面，包括战略方向、战略规划和优先实施的目标；另一个是业绩，它可能会包括员工在财政、客户关系、员工关系和合作伙伴之间的一些作为。摩托罗拉员工的薪酬和晋升都与评估紧密挂钩，虽然摩托罗拉对员工评估的目的绝不仅仅是为员工薪酬调整和晋升提供依据。但是，在摩托罗拉根据评估报告进行员工薪酬调整和晋升的过程中，评估报告已经扮演了表现摩托罗拉赏罚分明的一个最为重要的角色。

企业和军队，都是组织。一个军队赏罚分明，可以提升军队战斗力；一个公司赏罚分明，可以提升企业的市场竞争力。如果赏罚不明，一切制度都成了虚设；赏罚一分明，制度就容易得到巩固和完善。企业管理者在赏罚分明方面要注意三个问题：第一是有过必有罚。一个组织必须讲究制度和纪律，团队事务是公，不能因为个人私交感情而对过失不惩罚。有过不罚，等于说企业管理者自动放弃了惩罚机制。第二是有功必有赏。下属有功劳而不能获得奖赏，他会心生怨气，陷入懈怠，工作失去主动性和积极性。第三是奖罚一定要双管齐下。下属取得成绩，及时给予奖励和肯定，以此来激励下属取得更大的成绩。下属犯了错误，给予批评和惩罚，以此来警醒下属改正错误。

领导智慧……………………………………………………………………

有过必有罚，有功必有赏，奖罚一定要双管齐下。

工作态度一定要纳入考核

很多成功的企业家都非常重视员工的工作态度，不管是企业还是事业单位，都不能容忍缺乏干劲、缺乏工作热情的员工存在。对于工作态度这一点，日本经济界泰斗士光敏夫有着独到的见解。他从长年从事的经营管理工作中深刻地体会到："人们能力的高低强弱之差固然是不能否定的，但这绝不是人们工作好坏的关键，而工作好坏的关键在于他有没有干好工作的强烈欲望。"

有这样一个例子：美西战争发生后，美国必须马上跟古巴的起义军首领加西亚将军取得联系。但是没有人知道加西亚将军的确切地点，所以无法写信或打电话给他，但美国人必须尽快地获得他的合作。就在美国人不知道该如何是好的时候，有人对美国总统说，"我知道有一个叫罗文的人，他会有办法找到加西亚，也只有他才能找到加西亚。"

于是，万般无奈下他们把罗文找来，把写给加西亚的信交给了他。那个名叫罗文的人拿了信，把它装在一个油布制的口袋里，封好，吊在胸口，然后划着一艘小船就去找加西亚了。经过很多艰难险阻，四天之后的一个夜里罗文在古巴上岸，消失在了丛林中。接下来的三个星期他又遇到了很多问题，但是凭借着坚定的信念和敬业精神，他终于冲破重重危险，从古巴岛那一边走了出来，又徒步走过危机四伏的国家，把那封信交到了加西亚手里。

罗文送的不只是一封信，而是关系到美国的命运，牵扯到整个民族的希望。罗文的传奇故事之所以在全世界广为流传，主要在于它倡导了一种伟大的精神、人性中光辉的一面：忠诚、勤奋、敬业。

罗文的勤奋、忠诚、敬业精神其实都是现实中的工作态度问题。有一位著名管理学者总结出这样一个公式：一个人的工作绩效 = 工作态度 × 工作能力。因为公司既然招聘了你，那说明你是有能力的，所以在这个公式里工作能力是恒大于零的。至于工作态度我们可以把它分为积极、消极、负面三种，在这个公式中我们可以分别把它定义成不同的值，积极的态度是大于零，消极态度等于零，负面的态度小于零。把这些值套进上述公式，就很容易发现工作态度与一个人的工作绩效有多么紧密的联系。

我们常说“态度决定一切”。一个人如果工作态度散漫随意，而且不懂得反省，那么即使他再聪明，也不会取得成功。企业的健康发展，需要一大批敬业守责的员工坚持在第一线。所以把工作态度纳入考核不仅是有益的而且是必需的。

领导智慧……………………………………………………………

员工与员工之间在竞争智慧和能力的同时，也在竞争态度。

绩效考核七部曲

绩效管理与员工的工作情况密不可分，好的激励和考核制度可以充分调动员工的积极性和创造力，促进企业业绩目标的实现。而差的激励和考核制度则会减弱员工的工作热情和影响创造力的发挥，最终导致企业经营绩效的停滞不前，甚至降低。因此，激励和考核制度需要依据企业内外环境的变化做出相应的调整和改进，以激活集体创造力的程度为度量尺寸，用以满足企业在不同时期的激励要求。

1. 建立业绩目标

业绩是指创造对股东、顾客、员工来说都很重要的成就或价值，这样的目标可以使员工协调原来的自行其是的活动，把精力放在真正重要的事情上，并在工作过程中及时评估进度安排，适时改变工作的步调和方法。对此，我们可以扩大企业的目标范围，在考虑成本的基础上，将顾客和员工的满意程度也包括进去，并对建议和目标的落实情况进行跟踪，进行类似的系列控制，可以有效地调整，以保证工作方向的正确性。

2. 构造业绩计划

为了有利于业绩计划的顺利进行，在召开业绩计划会议之前，一定要预作准备。普通的方法是让下属思考几个问题。如问：迄今为止，你做了哪些富有成效的工作？在工作中你有什么发现？迄今为止，你建立了什么样的合作关系？这三个问题与员工的成绩、创见、人际关系有关。有目的地询问，可以优化员工思考的质量。

在提出上述问题并经过初步讨论之后，将会议的话题转移到未来，提出以下几个方面的问题：

（1）未来三个月你主要的目标是什么？

（2）你计划有什么新的特定的发现？

在会议之中，一次讨论就取得结论的情况实属少见。相反地，正确的事业设计是在不同的时间，进行不同内容的多次谈话后所得到的结果。一般而言，绩效计划会议之后，员工应该更了解自己的技巧、知识及才能。同时他还应该了解，下一步自己将要在工作中承担何种责任。

管理者可以在会议进行中，利用以下问题，去激励员工的思维：

你如何描述自己在工作上取得的成功？什么原因使你能有今日的成就？

你主要做了些什么？这可以让你对你的技巧、知识及才能有什么了解？

你最喜欢现在工作的哪个部分？为什么？你现在工作的哪个部分最令你头痛？你如何来处理这个问题？

什么样的工作对你来说是最完美最具挑战性的？假设你的工作就是这个，现在是某个周四的下午三点，你会在做些什么？

这些问题虽然没有提供答案，但是如果以正确的方式，在适当的时候问这些问题，它们将可以使员工理清工作思路，同时也开始了解你的想法。通过共同合作，使你们对于目前的绩效及潜能，获得一个新的美好的结论。

在讨论员工的成功、困难及其目标时，应尽可能结合员工实际设定的目标，协助其改善工作风格，帮助他排除困难，以利于最大限度地发挥他的优点。建立之后，应在以后三个月及其以上时间，重复召开以强化员工意识，直到一年周期完全结束为止。这种量化的绩效管理方式有助于你更了解他的特质，并利用你所了解的东西，去协助他更精确地辨别自己真正的优点及缺点，从而更有效率地开展工作。

3. 合理用人

在人员安排方面，管理者要以企业的实际情况和个人经验为依据，判断企业中哪些因素和环节对于改善整体绩效是至关重要的。然后根据员工个人能力的大小，将选定的人员安排在特定的职位上。无论是总负责人还是小组的成员，都要满足一些基本的素质要求，这些素质要求也是再造管理者任命时的重要参考。要让员工明确自己的工作范围，明确的工作范围有助于消除员工对于企业再造的迷茫和焦虑，有助于消除个人行动和相互配合时可能遇到的障碍，使员工可以更加顺利地完成自己的任务。这样一来，他们既不会把时间和精力浪费在无关紧要的事情上，也不会被没完没了的任务搞得精疲力竭。

4. 良好的控制

提供大量而丰富的解决问题的手段是管理者的必要任务之一。这些手段的来源各异，可以来自企业过去进行过的改造工作，其他公司的做法，或是内部的技能计划等。管理者可以利用这些手段提出问题，评估对策，并且将员工保持在既定的目标方向上。再造工程的高层管理者的全身心投入，有利于带动和鼓舞下属的信心和勇气，他们对于员工个人以及再造小组的支持和帮助，对于整个再造工程的成功发挥着重要作用。即使是在管理层授权之后，所需的管理力不但不会减少，反而会更多，这就要求管理者要分析形势，相机而动。

当业绩计划制定以后，管理者还必须将计划过程划分为几个阶段，严格规定各阶段的完成期限，管理者也必须让员工清楚地知道再造的最终成果是什么，将在何时以何种方式获得，从而做到心中有数。在计划推行的不同阶段，参与的过程和手段会有所不同。

正式和非正式的沟通是业绩激励方法的润滑剂。管理者要能随时解答关于流程、再造的各种疑问，消除他们的困惑和迷茫；同时，管理者也需要通过沟通了解员工的有关想法，从而能够采取有针对性的对策。建立一条直接通往总部的沟通渠道，使员工可以清楚地了解到自己在工作中所处的位置和相应的职责，从而可以动员全体员工进行持久改革，追求得到良好的整体绩效。

5. 分配与奖励

分配制度是对员工的工作成果和奖励内容之间联系方式的规定。企业的考核制度应该体现企业对员工的行为导向。凡是企业积极提倡的行为应该给予奖励，而对于那些有损于企业绩效的行为，则要采取相应的惩罚措施。行为导向与考核目标的结合，有助于培养员工的全局观念和集体观念，对于员工工作方式的转变和企业文化的建设也大有好处。

通常的奖励包括奖金、荣誉称号，提供个人发展机会等。特定的奖励来自特定的行为，应让职工知道，他们可以通过何种途径去获得奖励。由于员工的价值观和需求不同，相同的奖励对于他们的价值也有所不同。因此奖励制度的设计要有针对性，以便对目标群体发挥最佳的激励效果。

6. 评价员工

最佳的方式是让职工能够正确地进行自我评估，做自我评估的目的，是要将他的评估与经理对他的评估报告加以比较，或是作为一个参数或反证。所以他的自我评估报告只是一个参考资料，而不是对自己绩效的真实评估。

在日常工作中，就可以将自我评估要求成为一种习惯，你可以要求员工写下自己的目标，成功的地方以及自己的发现。这个记录并不是为了给经理的评估或是批判做借鉴来用的；相反，它的目的是协助每一位员工为自己的绩效负责。利用这个记录，员工可以了解自己是如何计划更有效率的工作并可以衡量这些计划的效果，使员工可以将它视为一面镜子，这是一种超越自我的方法。

管理者评价的重点在于鼓励员工密切注意自己的绩效及学习，重点在于开发自我的潜力。即使员工很信任你，他愿意公开自己的所有一切，但你的评价切不可迷失方向，假如你掌握不慎，那么就像丢下一颗炸弹一样，其结果是不堪设想的。

7. 不断设计，不断激励

设置短期绩效目标，然后予以考核和控制，相对而言比较容易取得成果。而要维持业绩持续不断地改善，则困难得多。也许管理者可以成功地发动全体员工，在几个月的时间里，集中精力追求更高的业绩；但是如果管理者想要继续发扬初期的成果，并且长期保持员工的工作热情和创造力，则要付出更多的努力与辛苦。

除了分段设计以外，最重要的就是要善于观察环境，不断进行自我设立，不断地调整目标。俗语道：“计划不如变化。”管理者必须时刻把握顾客和竞争对手的最新动态，并据此不断调整企业的业绩目标和实施措施，对于员工的激励机制和考核制度也要随之发生改变，通过不断地再设计，适应不断变化的外部环境。管理者需要不断地激励员工，使他们在集体责任感的驱动下追求更高的目标。

总而言之，想使员工感到被激励的重要一点就是帮助他们在工作上更有效率和使他们对自己的工作感到满意，然后不想跳槽干其他的工作。他们取得良好绩效的愿望越强烈，激励他们就会变得越容易。因此，管理者在再造企业业务流程的同时，也要为员工设计新的工作和激励机制。良好的绩效管理，能使员工的技能、职责和热情更好地结合在一起，为社会创造更多价值。

领导智慧……………………………………………………………………

绩效考核应像软膜一样，随着环境变化的幅度而弯曲，让考核机制更有利于公司及员工的发展和成长。

把利益与效益挂钩

发“红包”是人力资源管理中普遍运用的一种激励手段。在发放过程中，人事干部的技巧高低，效果截然不同。

处理得体，将会给员工们添加“活力”，并且使企业的凝聚力增加，竞争力提高；反之，如果处理得不好，则会事与愿违，适得其反。

因此奖金在日常工作中关系到整个组织，甚至每个人的切身利益，显得十分敏感。

奖金应与企业经营状况挂钩，两者的关系应该成正比。即经营状况不好，不能多发；经营状况好，则不应少发。

这样，可以让员工感觉到个人利益和企业利益是一致的，必须和企业同甘苦、共命运。只有通过大家努力，企业效益上去了，个人才会得益，切忌颠倒上述关系。

有这么一个外资企业，经营状况相当好，年度创利大增，而且还有不少新的拓展计划，但是在年终发“红包”时，总额比上年减少了一半。据说是年终银根紧，方方面面都要结账，新的拓展计划又占用了不少资金，所以要求大家咬紧牙关。

当“红包”发下去以后，员工们反应很强烈，他们直观地认为“经营越好、奖金越少”“企业越发展、员工越倒霉”。

这一减少，离散了员工和企业的关系，大家马上产生一系列想法：还要不要努力工作？是不是该跳槽了？结果，该企业春节后不少员工在外面找方向，仅一个月内销售部就有 4 名员工辞职。

奖金数额要有一个合理标准。公平，并不意味着不分职位都一样。在企业中职位有高低，这是企业赖以正常运作的组织结构所定。

职位的高低，取决于个人能力及对企业的作用大小，由此在企业中权力和所负的责任也不一样。

企业视职位高低给以不同的报酬，是公平的，也是大家所认同的。“搞导弹的不如卖茶叶蛋”的错误，再也不能重复了，这也是企业的价值观之一。

有一个企业的老总，让财务总监搞一个“红包”发放方案，结果搞出一个不分职位的平均奖，并且公平到以出勤天数计算，让一般员工出乎意料地和主管、经理们平等了一次，一片叫好。主管、经理们则都目瞪口呆，搞不清是怎么回事，企业的价值观由此而被毁。

“3·15”消费者日该企业因产品质量受到客户集体投诉，中层干部有的推卸责任，有的隔岸观火，只剩下老总带着二三个亲信东奔西走，到处“救火”，叫苦不迭。

此外,发“红包”涉及每个员工,一个方案不可能做到人人满意。

所以，每次大面积发放时，必须由人事部门作深入调查，了解清楚员工的第一手资料，认真操办，仔细落实，且最好不要让老总出面。

这也是为方案在个案上可能的失误留下协调的余地，好人由老总做。

总之，发放“红包”极有讲究，务须慎重，不要因此留下什么后遗症。从激励员工的宗旨上说，经济手段也只是一方面，而不是万能的。

领导智慧

在经济社会中，以合理的经济利益来激励员工，是一种促进其积极思考和行动的手段。

第十章

法为民立，民以法存

制度的建立和完善应始终放在首位

制度的建立与完善是指引一个团队成长发展的加速器，也是协助管理者有效管理的重要手段。对于管理下属而言，哪怕是有缺陷的制度，也比没有制度好得多。管理者以制度说话永远比依靠个人的发号施令更有力度，也更有效率。

纵观古今中外，每个时代制度的内容和角度虽有所不同，但紧握“制度”的出发点却是一致的，都是管理者为了约束下属而使其服从自己领导的一种方式。下面这件事就足以说明制度的重要性。

18 世纪末，英国人来到大洋洲，随即宣布大洋洲为它的领地。但是，怎么开发这个辽阔的大陆呢？当时英国没有人愿意到荒凉的大洋洲去。英国政府想了一个绝妙的办法：把犯人统统发配到大洋洲去。一些私人船主承包了运送犯人的工作。

最初，政府以上船的人数支付船主费用，船主为了牟取暴利，尽可能多装人，却把生活标准降到最低，所以犯人的死亡率很高。

英国政府因此遭受了巨大的经济和人力资源损失。英国政府想了很多办法都没有解决这个问题。后来一位议员想到了制度。那些私人船主利用了制度的漏洞，因为制度的缺陷在于政府付给船主的报酬是以上船人数来计算的！

假如倒过来，政府以到大洋洲上岸的人数来计算报酬呢？政府采纳了他的建议——不论你在英国装多少人上船，到大洋洲上岸时再清点人数支付报酬。一段时间以后，英国政府又作了一个调查，发现犯人的死亡率大大降低了，有些运送几百人的船经过几个月的航行竟然没有一个人死亡。犯人还是同样的犯人，船主还是那些船主，制度的改变解决了所有的问题，这就是制度的力量。

在现代社会的企业管理中，制度的重要性更是不言而喻。企业是关于人的组织，而人的复杂多样的价值取向和行为特质，要求企业必须营造出有利于共同理念和精神价值观形成的制度和环境，并约束、规范、整合人的行为，使其达成目的的一致性，最终有助于企业共同利益的实现。因此，在任何单位里，都需要规章制度。一套好的规章制度，甚至要比多用几个管理人员还顶用。

无论制定什么样的规章制度，事前都要详细了解实际情况，整理分析各类问题，再制定规则，这样才有意义。若徒有冠冕堂皇的条文，而与现实情形背道而驰，则无异于一纸空文。

因此，作为一个管理者，必须时刻注意本单位的规则，发现不切实际或不合情理的要及时纠正，不断改革，这一点很重要。可以这样说，一个好的规章制度，必然是不断发展不断改革着的。这样的规则是活的规则，只有活的规则才有意义。

领导智慧……………………………………………………………

在制度的遵守上要"死",在制度的改革上要"活"。

制度生效靠的是执行力

在某些团队会遇到这样一种现象：制度制定得很完善，挂在最显眼的位置，员工却偏偏视而不见，致使制度无法执行，成了一种摆设。这也是管理者常常会头疼的一个问题。其实这是管理者执行力不够所导致的。

例如某公司规定早上 9 点准时上班，可是准时到的人却很少，大家总是在 9 点时才开始陆续到来，直到 9 点 30 分才全体到齐。很明显，在这个公司已经有了一条"潜规则"——只要在 9 点 30 分以前上班就可以。

虽然有些员工准时来上班，但是一上班并不着手工作，而是泡一杯浓茶，浏览一番报纸，或者谈几条隔日新闻，然后再慢慢腾腾地开始工作。这种事情在大企业可能少见一点，但在中小企业，尤其是在那种有很多下属是与管理者同乡甚至沾亲带故的企业里，时有发生。

管理管理，管是控制，理是治理，这表明管理的一个很重要作用就是规定限制，让下属不能肆意行事，要知道什么能做，什么不能做。这就要求管理者不但要建立合理的规范，而且要严格地限制下属，让他们在制度范围内行事。《红楼梦》中王熙凤的做法可谓是我们当代管理者值得学习的典范。

在去宁国府之前，王熙凤先对宁国府进行了管理诊断，一针见血地指出，宁国府在管理上存在五大弊病："头一件是人口混杂，遗失东西;第二件，事无专执，临期推诿;第三件，需用过费，滥支冒领;第四件，任无大小，苦乐不均;第五件，家人豪纵，有脸者不服管束，无脸者不能上进。"针对这些弊病，王熙凤在宁国府进行了大刀阔斧的整顿。

有制度才好管事，王熙凤第一个整顿动作就是制定新制度。她还要求管理者带头遵守规则严格管理，把制度变成了火炉，不管是谁碰上去都一样烫手，这就在最大限度上保证了制度的有效性和权威性。接下来，王熙凤开始根据工作需要来定岗定编，分工清楚，责任明确，尤其是把做事与管物结合起来，把工作责任和经济责任结合起来，误了事要罚，丢了东西要赔。经过王熙凤的筹划，宁国府的管理果然面貌一新：某人管某处，某人领某物，分工十分清楚。诸如荒乱、推托、偷闲、窃取、无头绪等弊端，次日一概都没有了。

时间意识是王熙凤管理的一大特色。为了彻底扭转宁国府纪律涣散的颓风，王熙凤一到宁国府就说："素日跟我的人，随身自有钟表，不论大小事，我是皆有一定的时辰。横竖你们上房里也有时辰钟。"

因此当王熙凤第二天"卯正二刻"正式到宁国府点卯，"那宁国府中婆娘媳妇闻得到齐"，只有迎亲送客上的一人未到。即命传到，那人已张皇愧惧，百般求饶。王熙凤说道："本来要饶你，只是我头一次宽了，下次人就难管，不如现开罚的好。”登时放下脸来，喝命：“带出去，打二十板子！”这时人们才真正见识到了凤辣子的厉害。众人不敢偷闲，自此兢兢业业，执事保全。

王熙凤的成功在于她的聪明才干。尤其是在协理宁国府的过程中，王熙凤的管理能力得到了充分的表现与施展。治大国若烹小鲜，管理公司也是一样，制度的制定要慎重对待。完全没有必要动辄把一些新要求上升到制度的高度，但是一旦形成制度，就必须让下属严格遵守。

管理者要想让下属在制度范围内行事，就必须考虑到：制度本身要有可行性和具体性。制度的制定既要符合行业标准，又要符合公司具体情况，保证只要员工努力就能做到；另外制度要明确规定，一件事怎么做，该谁去做，做到什么程度为止，犯了错误要承担什么责任，有了标准才能保证制度的严格执行。

领导智慧

好的制度是前提，好的执行是保障。

制度不是通用的，必须量身定做

我们先来看一个故事：

一位年轻有为的炮兵军官上任伊始，到下属部队参观炮团演习，发现了一个奇怪的现象。一个班的士兵把大炮安装好，每个人各就各位，但其中有一个人站在旁边一动不动，直到整个演练结束，这个人也没有做任何事。军官感到奇怪："这个人是干什么的？为什么他没做任何动作？"班长回答说："教材里就是讲这样编队的，一个炮班完整编制是十一个人，其中一个人站在这个地方。我们也不知道为什么。"

军官回去查阅资料后，才找到真正的原因：原来，早期的大炮是用马拉的，在战场上大炮一响，拉车的马很容易因受惊而失控，这时必须有一个士兵站在炮筒下，他的任务是拉住马的缰绳，防止由于马的动作导致炮口方向改变，从而减少再次瞄准的时间。到了现代，大炮实现了机械化运输，不再用马拉，而那个士兵却没有被减掉，仍旧站在那里，成了一个不拉马的士兵。这位军官的发现使他受到了国防部的表彰。

很多管理者因为不想浪费精力而选择照搬同行业其他公司的制度，反正产品一样，市场一样，制度一样应该不会出现什么大错吧。如果哪个管理者有这样的想法，把制度看成通用的，认为有一套摆设在那就可以，可就大错特错了。

世界上没有万能的制度，任何一个企业都有它独特的地方，相应的，要让制度在企业里发挥最大作用，制度本身必须也是带有企业特色的。不拉马的士兵是怎么出现的？当然是制度的原因。

当某一种不良现象在公司中出现，管理者首先要考虑的不是处罚员工，而是从制度层面找出事情发生的原因，修改制度，从根本上杜绝不良现象，这比在员工犯了错之后惩罚要有效得多。

无论制定什么样的制度，都必须满足两个方面的要求。一是必须为企业量身定做，事前详细了解实际情况，整理分析各类问题，保证制度的每一句话都对应着实事。企业的情况各不相同，若制定了冠冕堂皇的条文，却与现实情形背道而驰，则无异于一纸空文。

千万不要以为制度一旦制定就可以一劳永逸，世上没有十全十美的东西,所以任何东西都有改革的余地。况且计划永远没有变化快，想让制度持久地发挥效用，就必须与时俱进，随时适应情况的变化。

制度的作用在于限定人的行为，明确地告诉人什么该做，什么不该做，怎么做效果好，怎么做效果不好，而这些不应当成为管理者每天为之费心的事情，在这方面，管理者唯一应该费心的，就是如何让制度适合企业。

一个能把管理做到位的人，就要善于为企业量身定做制度。一套好的企业管理制度，既是死的，又是活的。说它死，是因为制度一旦制定，员工就必须按照制度行事，有违者，罚；说它活，是由于规则本身又在不断发展不断改进，因为企业在变，社会环境在变。

领导智慧

最合适的制度就是最好的制度。制度需要随具体情况地改变而相应作出调整。

管理者不能超越制度权威

传统的管理者大多用高压的方式领导和管理下属，认为当领导的就要对下属吆五喝六，指挥周围的人，否则做领导就失去了威信。尽管权力是管理者表现自己管理手段的体现，但它不代表一切。无数事实证明，过分保护和依赖权力就会存在私人欲望，就会产生滥用权力的现象，这是对权力价值的破坏。

中国历史上的历代开国皇帝大都把重要的制度刻在石碑上，以警醒世人，明太祖则在宫门立有铁碑，上书："内臣不得干预政事，预者斩。"

按理说，有开国皇帝立下的石碑制度，后来的继位者只有严格遵循的份儿，这样的制度应当是能靠得住的。明太祖的"内臣不得干预政事"则是对皇家政治得失的总结，这项制度应该说是抓住了封建王朝灭亡的重要原因。

这项制度如能得到切实贯彻，明朝就不会那样黑暗。明朝灭亡的原因固然可以列出很多，但宦官干政则是明朝灭亡的一个极重要的原因。中国历代均有宦官乱政的事例，但只有明朝最为明显。明朝出了许多著名的宦官，尤以魏忠贤为最。那时各地巡抚纷纷为魏忠贤建立生祠，有的还建在西湖、虎丘、五台山等风景名胜区。建祠费用多者数十万，少者数万，剥民财、侵公帑、伐木无数。

大臣们煞有介事地在魏忠贤的生祠中将其称为“尧天帝德，至圣至神”，可以说对这样一位罪大恶极的宦官的赞颂到了无以复加的地步。可怜明太祖立下的“内臣不得干预政事，预者斩”的制度不过如一张白纸。

皇帝从来都是一言九鼎，说一不二的。可立石刻碑的制度也靠不住，这表明制度只是制度，制度确立靠权，无权者没有资格定制度，而制度的作废也是权，只要权力能够超越制度，制度必然疲软，并最终成为废纸。

在企业中不断加强制度建设的今天，一项好的制度能不能靠得住，关键要看管理者是否身体力行，是否用手中的权力去保护制度而不是超越制度。如果权力大于制度，那么，再多的制度也不过是制度，要想用这样的制度管理好下属是不可能的。

权力是管理者影响下的一个辅助工具。使用权力的目的不是专制，也不是制造紧张气氛，而是要使团队的业绩达到预期的效果。随着时代的进步，高压式的管理方式已经渐渐被淘汰了，下属不再是企业管理者用来赚钱的工具。现代管理者更注重加入一些人性化的东西。

要想管理好下属，就要有一个好的制度，这是毫无疑问的。制定制度并不难，关键在于执行，联想集团的老总柳传志、杨元庆迟到了也要罚站，因为这是公司的制度，任何人都没有例外。管理者决不能因为手中有权就轻视自己制定的制度，或利用权力更改制度甚至超越制度。

管理的有效性来自制度，制度与规则能使管理有效，但它们必须得到管理者坚决执行的保障。而管理不能有效的主要原因，其实就在高层。管理者既是规则的制定者，也最有机会扮演规则破坏者的角色。事实上，几乎所有的规则都是被管理者首先破坏的。所以，制度的设计与遵守是促使管理有效的根本前提，管理者本身不能破坏规则，古人说的“天子犯法与庶民同罪”，就是这个道理。

领导智慧

制度是权力的产物，但也最容易受到权力的侵害，管理者的特权是制度的强敌。

制度为企业做大做强导航

一个适合的制度能够给企业带来成功和喜悦，而一个不当的制度会给企业带来无穷的失败和痛苦。企业制度是企业赖以生存的基础，是企业行为准则和有序化运行的体制框架，是企业员工的行为规范和企业高效发展的活力源泉。

著名的施乐公司老板曾骄傲地说："施乐的新产品根本不用试生产，只要推出，就有大批订单。"这是为什么呢？原来，他们开发出的任何新产品都运用了一种统一的管理模式。这种模式以用户需求为核心，共有产品定位、评估、设计、销售 4 个方面共 300 个环节。

通过反馈信息以及对大量数据的不断调整，使产品一经面市就能满足用户的需求。

正是凭着一整套行之有效、科学严密的管理程序，百余年来，施乐公司始终是世界文件处理方面的领头羊。在竞争日益激烈的商业社会，制度才是克敌制胜的根本之道。对于任何企业管理者而言，要创一番大业，成一代企业家，一定要多琢磨一下那句老话“无规矩不成方圆”，一定要“完善制度和标准”，锻造企业制胜的“秘密武器”。

英国首相丘吉尔曾说:“制度不是最好的,但制度却是最不坏的。”远大空调董事长张跃说：“有没有完善的制度，对一个企业来说，不是好和坏之分，而是成与败之别。没有制度是一定要败的。”

我们说过和尚分粥的故事。同样的人数，不同的分配制度，就会产生不同的效果。所以一个单位如果没有好的工作效率，那一定存在机制问题。如何制定这样一个制度,是每个领导需要考虑的问题。

制度对于企业来说，其根本意义在于为每个员工创造一个求赢争胜的公平环境。所有员工在制度面前一律平等，他们会按照制度的要求进行工作，会在制度允许的范围内努力促进企业效益和个人利益最大化，从而使各个团队在良好的竞争氛围中实现绩效的突飞猛进。制度为员工的行为画出了规矩方圆，使员工知道哪些行为是被允许的，哪些是被禁止的。

如果企业缺乏明确的规章、制度和流程，那么工作中就很容易产生混乱。很多企业都会遇到由于制度、管理安排不合理等方面造成的损失。有的工作好像两个部门都管，但其实谁又都没有真正负责，因为公司并没有明确的规定，结果两个部门彼此都在观望，原来的小问题就被拖成了大问题,最终给公司造成了极大浪费。更可怕的是，缺乏制度会使整个组织无法形成凝聚力，缺乏协调精神、团队意识，导致工作效率的低下。

管理学大师德鲁克说：“一个不重视公司制度建设的管理者，不可能是一个好管理者。”制度甚至比资金、技术乃至人才更为重要，企业要想做大做强，就必须用完善的制度来护航。

但需要提醒管理者的是，企业制度制定后，并不是一成不变的。任何制度的确定都很难一次做到完美，在执行的过程中还应根据市场的需要和商业环境的变化，不断进行调整。如果在执行过程中，发现问题，要及时对制度进行修订，使制度更加完善。

领导智慧……………………………………………………………………

制度就是法则，是规矩，更是一个团队赖以生存的前提。管理者重视制度，要如重视企业的生命一般。

完备管理制度的四大基石

孔子说过：“道千乘之国，敬事而信，节用而爱人，使民以时。”意思是说，治理具有千乘兵车的国家，要做到谨慎处事，遵守信用，节约用度懂得爱护他人，按时令来役使民众。这句话包含了治国的四个原则：敬事、诚信、节制及爱民。亦可成为企业管理制度的四大基石，用现代管理的语言来讲，就是忠于事业、诚信经营、控制成本以及善待员工。

1. 忠于事业

忠于事业不仅要求管理者对事业有着一颗执着之心，对事业保持有一颗忠诚之心，还要求管理者凡事都要以公出发，将利于事业发展作为考虑事情的出发点。

2. 诚信经营

“人无信不立，企无信则衰”，诚实信用就是企业的生存之本，是创造基业长青、建立百年基业的基础。“诚则立，信则久”——诚信是企业支撑品牌的基石，基石永存，则品牌之树常青。把诚信放在什么位置，决定着一个企业的经营高度，决定着它能否长盛不衰，永续经营。

爱立信公司从高管到员工，都将“诚信”视为“立人之本、立司之本”。无论是发展目标，产品性能还是服务质量，对于承诺过的事，爱立信人一定会做到。就连公司名字，也是诚信的价值体现：“以爱立信、以信致远。”爱即是“诚”，也是“致远”的根本。在其企业内部员工的行为准则中，“诚信”列在首位。

3. 控制成本

管理大师德鲁克说：“管理领域限于内部的假设意味着管理者只关心成本或者努力工作。因为工作是存在于一个组织内部唯一的事物，同样的，组织内部的一切都是成本中心。但是，任何机构的成果只存在于外部。所以对企业而言，控制企业的内部消耗，省钱就是挣钱。

在北京四季青桥百安居一楼的卖场一个偏僻的角落，有张小桌子，来访者在桌上的登记簿签字后，通过狭窄的楼道，便可来到百安居华北区总部办公区。与外面敞亮的卖场相比，整个办公区显得寒酸无比。

这就是百安居的节俭哲学：企业的所有支出，都是建立在可以给客户提供更多价值的基础之上。在这样的节约意识指导下，百安居的营运费用占销售额的百分比远低于同行。

4. 善待员工

善待员工才能聚集人才。企业的竞争实质上就是人才的竞争，谁掌握了优秀的人力资源，谁就立于不败之地。善待员工就要为其创造良好的工作环境，尤其是工作的软环境——人文环境以及工作氛围。

澳柯玛特别注重企业的人性化管理，从为职工解决住房、进行技术培训、开展困难救助到改善工作环境、开通班车，甚至在工作区专设吸烟室。凡是职工在工作、学习、生活中的要求，澳柯玛无不考虑周全。

澳柯玛的管理者认为，善待员工不仅是企业对员工的回报，更是企业自身发展的需要。一切经济活动都是人的活动，企业要想兴旺发达，没有优秀员工是很难实现的。老板善待员工，员工对企业才会有认同感和归属感。当善待成为双向互动的时候，企业和员工就有了“双赢”。

忠于事业能够为管理带来远景和愿景，使员工愿意追随；诚信经营是企业立身之本，代表着企业的外在形象，是企业管理的一个重要目标；成本控制是企业管理的本源，管理的起点不是创造效益，而是节约成本；善待员工是实现高效管理的重要方法，只有善待员工，获得员工的接受和认可，管理才能真正发挥作用。

领导智慧……………………………………………………

良性的制度应当敬事、诚信、节制及爱民，这是制度的重要原则，更是执行制度的准绳。管理者只有创立和维护这样的制度，团队才能最大限度的产生效益。

软性的文化力量来自于对刚性制度的敬仰

被誉为 20 世纪最成功的企业家韦尔奇曾说：“如果你想让列车再快 10 公里，只需要加大油门；而若想使车速增加一倍，你就必须要更换铁轨了。只有文化上的改变，才能维持生产力的高速发展。健康向上的企业文化是一个企业战无不胜的动力之源。”

无独有偶，海尔首席执行官张瑞敏也说过：“企业文化是海尔的核心竞争力。”企业要想让管理制度能够为员工所接受，成为员工潜移默化的影响力，刚性的制度就要演变成软性的文化，使要求员工遵守演变为员工自觉遵守。

真正的管理在于赋予制度以思想。科学管理之父泰勒曾说过，管理不是技术，不是工具，管理是哲学。企业家必须明确自己的思想路线，即解决问题的基本思路，如果一个企业根本就没有自己的管理思想，那么这个组织就没有灵魂，管理方法也就成了“无源之水，无本之木”。管理思想决定着管理行为和方法，因而从根本上决定着管理的效果。

思想使企业管理制度变得极其伟大和卓越，我们以丰田为例。

在 2008 年的第一季度，丰田汽车在销售额和利润上双双超越通用汽车，成为国际汽车行业的新任霸主。许多人对丰田达到这样的高度并不感到惊讶，甚至会觉得这个成就本应该更早一些降临。中国著名职业经理人唐骏曾说：“如果全世界只剩下一个汽车制造商，那一定是日本企业；如果全世界的公路上只跑一种车，那一定是丰田汽车。”

丰田升任霸主的秘诀是什么？很多管理学家认为胜在“丰田生产方式”。然而当世界各国许多汽车制造公司开始热火朝天地学习、模仿，希望能将“丰田生产方式”成功复制时，这么多年过去了，却没有任何一家企业能真正将丰田方式复制成功。

这就使很多企业管理者内心都有这样一个疑问：学丰田，到底应该学什么呢？这个密码就是思想。其实，丰田登顶是丰田思想的胜利。丰田汽车的经营思想核心是精细化。几十年来，商战风云变幻多端，精细化生产方式成为丰田思想的标签。对于对手而言，丰田独特的经营思想是难以逾越的高山。这也是丰田持续辉煌的根源之所在。

企业就是一支军队，对于军队，最重要的是什么呢？那就是魂魄。在2008年热播的电视剧《士兵突击》中的“钢七连”为什么能强大？就是因为这支部队中有一个魂魄：不抛弃，不放弃。企业管理者要寻找的、要提炼的就是这种能同化员工理想与追求的精神境界，成就企业的辉煌。

企业就是一个生命体，需要有企业精神来做强大的支撑。企业精神则是企业文化的内核和核心。企业精神可增强员工对企业的信任感、自豪感和荣誉感；可以使员工形成共同的目标感、方向感和使命感；可以对员工产生激励力、凝聚力和鞭策力。企业精神是企业最为重要的财富。因此，管理者要想使企业具有强大的市场竞争力和旺盛的生命力，就需要在制定完善制度的基础上，赋予管理以思想，在其指引下，强化企业文化内涵，赋予企业精神，从而使企业组织获得强大的精神动力。

领导智慧……………………………………………………………

管理者依托刚性的制度，更要重视柔性的文化。文化是一个企业的灵魂，没有灵魂的团队和企业只会举步维艰。

死守是制度的坟墓

春秋时期，晋国有位叫李离的狱官。有一次在审理一件案子时，李离由于误听了下属的一面之词，结果将一个犯人错判致死。后来案情真相大白后，李离决定以死赎罪。

晋国国君很看重李离，就劝他说："官有贵贱，罚有轻重。这件案子主要错在下面的办事人员，又不是你的过错。"李离回答道："作为国家的狱官，要保证国家法律的公正。既然我犯了错，就违反了制定的法律。为了保证以后法律的有效实行，我不能打破这个规矩。"说完之后，李离就伏剑自杀。

李离以死赎罪，体现了其对国家法律制度的支持。晋国法律得到了有效维护，晋国的国力也因此大为增强。只有保证已有制度的贯彻执行，才能有效进行管理。制度建立的目的，是为了保证企业日常管理的规范。有制度，就要有执行。企业的管理中，保证制度的刚性是根本。

企业与企业环境总是会随着时间的推移而不断发展变化，制度也得适应这个变化，才能发挥好作用。因此，管理者必须时刻注意企业的规章制度，发现不切实际或不合情理的要及时纠正。一个好的规章制度，必然是不断修改不断完善的。制度要顺应变化，这也要求管理者在企业管理上要具有灵活性。

2001 年 8 月，清华同方在将产品打入西安大学校园时，遇到了一个问题：所配的部分产品零件与当地的环境不匹配。技术人员却无法予以更换，因为公司有"不允许使用其他企业零部件"的规定。如需解决，还要向总部报告，总部又要花时间去评估和研究。这样会耗费大量时间，致使当地客户怨声不少。

这时，负责当地市场的一位公司副总，当机立断，下令打破原有规定，用其他企业的零部件代替部分不匹配产品，问题很快得以解决。这位副总及时调整了公司的管理制度，表面看似乎是打破了制度的刚性，实际上灵活的管理手段，能够更好地维护制度。

清华同方规定“不允许使用其他企业的零部件”，其目的是为了保证产品质量与服务质量，防止各地的售后服务部门用质量差的零部件损害顾客的利益。因此，这个制度的目的是为了保证产品质量，维护顾客利益。而对制度的调整，更能有效确保目标的实现，管理上的灵活性就与制度的刚性得到完美的结合。

这种刚性与灵活性结合的思想，在企业管理中很值得借鉴。企业制定的每一条规章制度都具有一定的刚性，不过，要使制度发挥出最大的效用，又得做到灵活运用。制度化管理并不意味着死板与僵化，如果制度的刚性与管理的柔性不能有效结合，企业制度很难发挥最大的效益。

对于制度的刚性与管理的灵活性，管理者在企业管理中要注意两点：

（1）制度应该让执行者有一定的自主权，使其能够按照制度的目标来处理某些例外情况，这也是管理的“例外原则”的精义所在。

（2）要让制度的执行者对企业的理念有深刻的认识，为了企业的理念，能够灵活地处理例外情况。清华同方的那位副总对事件的处理，就充分体现了他对公司理念的认同，而不是“死守”条文，不知变通。

领导智慧

制度是死的，管理者是活的，灵活地使用死的制度，因时制宜，便能让企业永葆生机。

不能产生效益的制度就是摆设

对于企业来说，制度不是空洞的条文和仪式，必须在实际中发挥作用，尤其是对管理工作来说，制度的存在是为了发挥实际功效。如果没有成效，那这样的制度就没有存在的意义。世界著名公司沃尔玛高效的运行机制一直为业内效仿，也是其赢得成功的重要因素之一。

1962 年，山姆·沃尔顿在他的第一家商店挂上沃尔玛招牌后，在招牌的左边写上了“天天平价”。“天天平价”成为沃尔玛的行动纲领，为了践行这个纲领，沃尔玛制定了许多富有成效的制度。

首先是完善进货制度，沃尔玛采取了一系列的做法来降低成本。采取统一购货制，尽量实行统一配货。沃尔玛会对一年的销售量进行评估，然后以一年为单位进行集中采购，由于数量巨大，往往会获得比同行低很多的价格；沃尔玛实施买断进货政策，并固定结算货款，绝不拖延，这样可以大大降低进货成本，赢得供应商的信赖。

另外，沃尔玛一般都是直接从厂家进货，中间没有任何销售环节。为了提升物流水平和配货速度，沃尔玛和厂家保持着良好的合作关系。通过电脑联网，实现信息共享，供应商可以第一时间了解沃尔玛的销售和存货情况，及时安排生产和运输。由于效率的提高，极大地降低了沃尔玛的进货成本。

除此之外，沃尔玛的成本控制还体现在任何细小的环节上。沃尔玛从来没有专门用来复印的纸，用的都是废报告背面。打印纸也是一样，除非非常重要的文件，否则一律用背面纸。连沃尔玛主席外出时都经常和别人同住一个房间，沃尔玛的员工自然不能例外。

沃尔玛每逢节日，也会进行促销活动，但是与别的商家不同的是，他们喜欢减少不必要的开支。他们用自己的员工或者员工的子女充当彩页上的模特，并对彩页的印制数量进行精确计算。

山姆很清楚地知道，只要保证商品的价格低于对手，顾客就会源源不断地到来。在追求最低价格的思想指导下，沃尔玛成为零售行业中的成本控制专家，它最终将成本降至行业最低，真正做到了天天平价。

制度是企业在商业环境下，为了确保企业任务的完成，而为企业画出的规矩方圆。企业的本质任务是赢利，制度的制定要注重实际效果，要能为促进企业产生更大经济效益起到积极作用。在不违背商业道德的原则下，能够促进企业产生效益的制度就是好制度，相反，不能促进企业产生效益的制度就是摆设，就是形式，毫无价值可言。

领导智慧……………………………………………………………

制度的最终目的是效益，如果不能产生效益，管理者就应当坚决摒弃这种制度，创建新的制度。

纪律与温情要两手抓

严格的纪律是企业管理的基础和保证。因此，制度一旦制定下来就必须严格遵守，否则企业就会成为一盘“散沙”，危及企业的生存。但是管理者不能一味用“大棒”来管理下属，最好的方法是纪律与温情一起抓。

跨国公司惠普的人性化管理是很出名的。即使在处于美国企业最艰难的时刻，帕卡德还坚持管理者应当与雇员保持密切的联系，雇员们亲昵地称这位总经理为“MBRA”（闲不住的老板）。在惠普，不论哪一级领导都没有自己的独立办公室，只有少量的会议室供集体使用。上下班见面时，都是直呼其名而不称职务。

公司创始人休利特和帕卡德把惠普公司的全体员工都当作博士来看待，认为每个员工的尊严和价值是惠普方式极其重要的组成部分，确信“不论男女，大家都想有一个富有创造力的好工作，有一个好的工作环境，大家都会把工作做好”。

因为帕卡德尊重每一个员工，经常与他们在一起，所以惠普公司的人际关系十分融洽。惠普公司有一条不成文的规定：每位员工一经聘用，绝不轻易辞退。这是美国其他公司难以做到的。

惠普宽松的工作氛围是建立在严明的纪律之上的。公司内部有一整套严格的纪律约束员工的行为，例如“科研记录本”制度，即技术人员所有的发明创造，包括思路、草图等原始素材必须写在专门的科研记录本上。

在科研记录本上每一页都有号码，就像发票一样是连号的，员工不可以撕掉其中的任何一页，否则就有麻烦了。惠普还通过内部审计来进行监督检查，通过每年一次的内部审计对科研人员的发明创造、产品开发过程、文献管理、技术管理等方面进行严格审查，一旦发现有人没把技术发明、产品设计（包括想法和草图）写在科研记录本上，就视情节轻重严肃处理。

另外，如果员工违反了惠普的基本纪律，就会受到严厉的处罚。惠普有一个制度，为防止员工之间互相打探薪酬，凡是透露工资的员工必须马上辞退,这一点毫不含糊,无论他在惠普的位置有多重要。

曾经，惠普有一个业务水平很高的技术人员，在报销出租车费的时候做了手脚，车票上原来的金额是 40 元钱，他把 40 元钱改成了 140 元钱。后来，公司财务人员看出了破绽，经过与出租汽车公司核对，证明该位员工的确是虚报发票。尽管他很优秀，对公司业务发展有重要作用，但惠普仍然开除了他。

惠普中国区总裁孙振耀也说过："惠普公司做生意的框架和纪律是非常清楚的，从我们的价值观和企业精神来看，这是天条，如果有谁没有做好它的话，公司一旦知道，犯错误的人付出的代价是非常大的。"纪律就是纪律，这就是惠普。

领导智慧……………………………………………………………

印度诗人泰戈尔说："上帝的右手是温柔的，但他的左手是严历的。”企业管理也是一样，以人为本的企业不可忘记纪律是企业生命的保障。

事易时移，变革创新

我们先来看一个试验：

研究者把3只猩猩关进一个大笼子里，然后在笼子中间吊上一根大香蕉。但是只要有猩猩伸手去拿香蕉，研究者就拿高压水枪去喷所有的猩猩，直到所有的猩猩都不敢再去拿那根香蕉为止。

接下来，研究者用一只新来的猩猩替换出笼子中的一只猩猩。新来的猩猩并不知道笼中的“规矩”，所以一来就动手去拿香蕉。于是另外2只“老”猩猩就对新来者发起攻击，直到它屈从为止。因为这种行为是不符合笼中规则的，这本是由高压水枪实施的惩罚任务，现在完全由两只老猩猩“亲自”执行了。

研究者用同样的方法，不断用新来的猩猩将经历过高压水枪惩戒的那两只老猩猩换出来，直到笼子中的猩猩都是后进入者，但是它们同样不敢动手去拿香蕉。

这个案例形象地揭示了组织惯性的形成过程。高压水枪喷头威慑出来的“组织惯性”束缚着每一只进入笼子的猩猩，使它们将本是腹中美餐的香蕉束之高阁。

在风云变幻的市场竞争环境中，企业要想赢得优势，就必须学会随着时代的发展变化而迅速调整方针制度；否则就只能像案例中的猩猩一样，在昨天的教训上故步自封，白白浪费掉明天的大好机会。优秀企业的衰退并非是它面对变化束手无策，而在于它所采取的行动能否顺应时代。

许多成功的企业，都将自己的成功归因于拥有成熟的制度模式。所以，在市场竞争变化面前，管理者往往信心满满，从不怀疑和否定自己旧有制度继续存在的价值。然而由于墨守成规，企业昔日的辉煌慢慢变成了生存道路上的障碍，成为可怕的组织惯性。

一个企业在确定了其经营管理模式后，企业成员总会可以在实践中摸索出它的程序，并逐渐习惯地运用这套程序解决各种问题。习惯成自然，在实践中，管理者与员工很少会再去思考这些方法是否依然合理、有效。

制度必须符合企业与时俱进的发展要求，符合企业应对同业竞争和市场现状的要求；公司的制度在时效性的基础上，更要能够引领企业走在其他企业前面，并符合时代潮流方向发展。如果公司制度不能引领企业加速发展，甚至落后于发展的潮流，那么这样的制度早就应束之高阁。

领导智慧

环境一直在变，制度也要与时俱进，落后的制度是前进的绊脚石，管理者要让绊脚石成为垫脚石，方法只有一个：随具体情况相应地革新制度。

管理者重视不够是制度错位的第一大原因

有这样一则新闻，一男子挪用公款500多万元买彩票，而当他到公安局自首后，他所在的公司经理才知道破产原因。原来该男子所在公司的银行账户、财务印鉴章和现金支票全部由他一人管理，需要钱时，只要他填好支票盖上章到银行取钱就行了。

早在一年前，该公司账户上就开始出现亏空，随后每月递增，然而公司的领导层并没有找到原因，最后只好在一年后在报纸上刊发公告，宣布公司破产。

正规公司的财务人员应该由会计和出纳组成，会计负责管账，出纳负责支取现金，两人互相制约、互相监督，有些大型企业还设有多位财务和出纳，另外设有监督主管。但是该男子所在的公司财务人员只有他一人，这就给他肆意取钱创造了可乘之机。制度不健全，并且落实不力，终酿大祸。

很多失败的案例表明，管理者对制度建设的认识和重视不够，是制度错位的第一大原因。第二大原因依然和管理者有关——继任的管理者由于对前任的经验采取“颠覆”态度，致使制度缺乏连续性。因此，管理者应该学会用制度去制约并保护企业。对制度建设，我们对管理者给出以下几点建议：

（1）在态度上不要忽视制度。制度建设不仅是企业文化建设的一部分，还是实现现代企业精细化管理的一个重要方面。

（2）企业制度的建设要取得所有职工的认同，要保证各项规章制度能够得到认真落实。

（3）制度管理要形成一套科学体系。因为科学体系不仅是强化企业内部管理的需要，也是保持企业健康发展的需要。科学、系统的制度管理是发挥企业整体效能的保证，也是检验企业管理水平的重要方面。

（4）要完善监督机制。有监督，制度才能实现真正的“平衡”。

在企业制度形成过程中，任何环节的错位都有可能使制度失去效力。所有的管理者都希望找到制度错位的根源，从而使自己得以避免。要想根除制度错位现象，最先反省的就是制定制度的管理者，尤其是主要决策者。

领导智慧

管理者首先需要纠正的是认识，如果对制度的重要性抱着漠不关心的态度，那是不可能创造出行之有效的制度的。

制定制度必须遵守的十大原则

制定制度本身并不难，难的是制度的执行。制度的执行实际上是在规范和改变成员的工作习惯。中国有句俗话叫“江山易改，禀性难移”，改变一个人的习惯是相当困难的，况且制度是要改变所有成员的工作习惯，其难度可想而知。

所以在制定各项制度时，不但要确保制度的合理性，更重要的是要保证制度在实施时能被成功地执行。为此，制定制度不能草率。制定管理制度要符合以下十大原则：

1. 简明扼要的原则

制度是针对所有当事人的，所以制度本身的语言描述应该尽可能地简明扼要、易懂，并且不产生歧义，让所有的当事人都可以轻松地理解。另外，制度不必非常缜密和完备，首先，是因为这样会损害制度的简明性和易懂性，不利于制度的执行；其次，是每位成员都对制度有基于常识的认识和理解，而这些常识性的东西并不必在制度中面面俱到。

2. 让当事人参与的原则

如果这个制度是针对整个组织的，就要尽量使组织的全体成员都参与到制度的制定中来，如果只是针对某个工作流程而制定的制度，则需要请相关的成员参与进来。

虽然让当事人参与会让制定制度变得复杂起来，但却会对今后制度的执行减少很多障碍。人本能地会对约束他的东西产生反感，而制度恰恰是约束人的东西。让成员参与到制度的制定中来，可以减少这种反感，因为人们都不会讨厌自己的劳动成果。

3. 公正的原则

制定制度是为了使用，所以制度一定要适合组织。在制度执行的过程中，可能会因为制度本身的不完善或不合理而出现一些问题，但这些不应该影响制度的公正执行。比起制度的完善性，成员往往更加关心执行制度的公正性，所以对于制度的制定者来说，应该比关心完善性更加关心执行的公正性。

4. 从实际出发的原则

制定制度要从组织的实际出发，根据组织的构成内容、工作对象、管理协调的需要，充分反映各项组织活动的规律性，体现组织的特点，保证制度具有可行性和实用性，切忌追求时髦，流于形式。

5. 重视成员工作习惯的原则

没有人会主动更改自己熟悉的工作方式，所以在制定制度时，一定要认真分析现有的工作流程和工作习惯。在达到目标的原则上，要尽可能地保留原有的流程和习惯，这样才能有效地保证日后制度的执行。

6. 系统和配套的原则

制度要全面、系统和配套，基本章程、各种条例、规章、办法要构成一个内在一致、相互配套的体系。同时要保证制度的一贯性，不能前后矛盾、漏洞百出，避免发生相互重复、要求不一的情况，同时要避免疏漏，要形成一个完善、封闭的系统。

7. 采取措施、改造习惯的原则

新制度的执行过程就是改变成员工作习惯的过程。管理者应该很清楚地认识到该制度的执行会带来哪些工作习惯的改变，这种改变成员是否可以接受，接受的程度是多少。根据具体情况，管理者必须采取一些辅助措施来加强对成员工作习惯的改变，比如在新制度执行时，进行制度培训，或进行抽查和监督等。

8. 以需要为依据的原则

制度的制定要以需要为依据，即制度的制定要从需要出发，而不是为制定制度而制定制度。需要是一项制度制定与否的唯一标准，制定不必要的制度，反而会扰乱组织的正常活动。如有些非正式行为规范或习惯能很好发挥作用，就没有必要制定类似内容的行为规范，以免伤害成员的自尊心和工作热情。

9. 具有可操作性的原则

制度必须具有可操作性，否则就失去了制定制度的意义。要想使制度易于操作，最好在制度中就明确一般的操作方法。另外，要写明制度的原则，这样便于对特殊情况进行处理（最好能规定出解释权的归属部门）。

10. 具有先进性的原则

制度是一个组织的“骨架”，先进的制度有利于组织的正常运营，因此，制定制度一定要从调查研究入手，总结本组织的经验，同时吸收其他组织的先进经验，引进现代管理技术和方法，保证制度的先进性。

领导智慧 ……………………………………………………………………

有效的制度如果不用于实践，那就是一纸空文。在制度的运用上，管理者要多方考虑，把握基本的原则，人性化使用制度。

制定制度必须避免的八种现象

在很多组织内部，虽然所有内部制度的制定都要通过有关部门的批准，但是一些重要的培训计划、文档程序，大大小小的中小组织都把本身的制度制定交付给人力资源部门和部门的管理者。

这样，这些公司的制度和实施程序都走向极端，要不太过于呆板，要不就是太趋于理想化。

如果你是管理者，制定各种规章制度是相当的重要，因为这些将成为员工行为准则和努力的目标。

通过条理清楚、协调性强的制度可以有效地保护你自己和组织本身。所以，在建立公司的规章制度时必须避免以下八种现象：

1. 避免草率从事，聊备一格

为了应付上级草草定出一份管理规章，根本不向组织成员宣布，当然更谈不上执行。

2. 避免抵触法规

有的规章制度条文与现行政策、法令和政府的规定相抵触，则自行失效。

3. 避免自相矛盾

上下条文互不衔接、自相矛盾，组织内的此规定与彼规定也有冲突，让人无所适从。

4. 避免咬文嚼字

文字冗长、语言生硬、含义不清，令人无法领会。如《安全守则》中有这样一条："在禁区内不得燃烧可燃物或摆放促使致燃之器具。"其实只需"禁区内严禁烟火"七个字就可概括其意。

5. 避免舍本逐末

列举大量无关紧要的条文，喧宾夺主，降低了重要条文的分量。条文过多，不便记忆，当然会影响执行。

6. 避免违背常理

过于苛刻，大都难以做到；惩罚措施过火，成员动辄得咎，将导致抗拒心理。

7. 避免不切实际

过于细密，实际执行中难以行得通，执行起来反而降低效率；而条文过宽，又起不到约束作用。

8. 避免形同虚设

定而不用，对违规者不按规定处理，姑息纵容；或在执行中因人而异，亲疏有别，会导致制度自行废弛，成为一纸空文。

领导智慧 ……………………………………………………

制定制度是管理者的一大要务，管理者要建立一个完善的制度，就需要通盘考虑其可能的弊端。

用制度管人的两项准则

“用制度管人”是一个亘古未变的定律，但是制度也不是万能的。要想使制度发挥最大的作用，还必须做到“善于运用制度”和“灵活运用制度”两项基本准则。

1. 要善于运用制度

再好的规章制度也是从出台的那一天就开始在老化，因为一个组织和它的成员是随着时间的推移而不断发展变化的，规章制度只有适应这个变化，才能发挥好作用。因此，管理者必须时刻注意组织的规章制度，发现不切实际或不合情理的要及时纠正。可以这样说，一个好的规章制度，必然是不断修订不断完善的。这样的规章制度是活着的规章制度，只有活着的规章制度才有意义。

规章制度制定的目的是对一些不明的事项定出一个明确的标准。因此，它的时间性很强，同时也是为适应时代的大环境而定出来的，因而绝不是千古不变的定律。当时代、环境发生了变化，规章制度本身也必然要随之变化。

2. 要灵活运用制度

任何制度都是有条件的，任何正式制度的效率都是以非正式制度为前提的，并受到非正式制度的制约。而这种非正式制度实质上就是以伦理道德与组织文化为核心的人的习惯行为方式。因此，要提高制度的效率，最基本的就是要培养先进的组织文化与理念并使之深入人心，只有这样才能为制度的实施营造一个良好的环境。

例如，企业的基本理念应该是“维护企业信誉，使顾客满意”，这也是企业制定所有制度的标准和目标。当实际情况与制度相违背时，应以基本理念为准。制度化管理倾向于把组织设计为一台精确、完美无缺的机器，它只讲规律，只讲科学，只讲理性，而不考虑个性。

组织是由人组成的，人有感情，有情绪，有追求，有本能，人不是机器，不可能像机器一样准确、稳定。

从这种意义上说，极端的制度化管理既不可能，也不理想。制度化管理强调的也不是极端的制度化，而是以制度化管理体系为基础，谋求制度化与人性、活力的平衡。

而且制度化管理并非完全排除人性的管理，必须寻找制度的硬性与人性的柔性的契合点。否则，制度就会变成一些冷冰冰的规则条框，最终会被组织的成员从内心排斥，这样的制度化管理是很难取得最终成功的。总而言之，一套完善的规章制度是一个管理者管理人才、使用人才的法宝。一个有经验的管理者应善于用制度管理他的下属，但也应尽量避免把制度僵化，或过于迷信制度。

领导智慧……………………………………………………………

制度化管理强调的不是极端的制度化，而是以制度化管理体系为基础，谋求制度化与人性、活力的平衡。

图书在版编目（CIP）数据

三分管人，七分做人 / 崔雪梅编著. — 长春 : 吉林文史出版社, 2018.4（2020.9重印）

ISBN 978-7-5472-4863-8

Ⅰ. ①三… Ⅱ. ①崔… Ⅲ. ①领导学—通俗读物 Ⅳ. ① C933-49

中国版本图书馆 CIP 数据核字 (2018) 第 023833 号

三分管人，七分做人

书　　名：三分管人，七分做人
编　　著：崔雪梅
责任编辑：程　明
封面设计：施凌云
文字编辑：李　茹
美术编辑：张　娟
出版发行：吉林文史出版社
电　　话：0431-86037509
地　　址：长春市福祉大路 5788 号出版集团 A 座
邮　　编：130117
网　　址：www.jlws.com.cn
印　　刷：三河市华成印务有限公司
开　　本：145mm × 210mm　1/32
印　　张：8.5 印张
字　　数：181 千字
印　　次：2018 年 6 月第 1 版　2020 年 9 月第 4 次印刷
书　　号：ISBN 978-7-5472-4863-8
定　　价：36.00 元